表情筋ほぐし

2万人の肌を見て気が付いた、キレイの法則

エステサロン「SUHADA」オーナー、
エステティシャン
永松麻美

PHP

キレイな人は
ここが違う。

「美人」じゃなくて、大切なのは「表情美人」！

私はエステティシャンという仕事柄、多くの女性の心と身体をケアしてきました。その中で気がついたのが、人は「顔の造形」よりも、「表情」の方が強く印象に残るということです。

例えば私のお客様でN様（60代）という方がいらっしゃいます。ある芸能人の大ファンで、ライブの前日は必ずエステを受けにきてくださるのですが、いつも笑顔がキラキラと輝いて、若々しいのです。心と肌にハリと艶があり、「魅力的な人」と思わせてくれます。

年齢が若くても、「自分の顔なんて」と塞ぎ込んでいる人は、顔も姿勢も下を向きがちで、表情も暗く、「キレイ」から遠ざかって

そして、姿勢美人

しまいます。

また、女優さんやモデルさんがキレイに見える理由は、元々のスタイルの良さ。そんなふうに思っていませんか。もちろん、生まれ持ったスタイルもあると思いますが、「キレイ」のもう一つの要因に、実は「姿勢の良さ」があります。年齢を重ねるとスタイルが崩れてしまうのも、正しい姿勢をキープするための筋肉が衰えて姿勢が崩れ、姿勢が崩れることで筋肉が使えずに、さらに衰えていくといった悪循環が起こるから。年齢を重ねてもスタイルがいい人は、「姿勢をキープするだけの身体の柔軟性と筋肉」があるのです。これは普段の過ごし方や意識で、誰でも鍛えることができます。

今からでも遅くない。「表情美人」「姿勢美人」を目指しませんか。

２万人以上の顔・身体を見てきました

私は東京都世田谷区・下北沢でエステサロン「ＳＵＨＡＤＡ」を運営しています。エステティシャンとして、一般の方やモデルさんなど、２万人以上の女性の顔や身体と向き合ってきました。

私自身、長くニキビやアトピーなど肌の悩み、そして「顔」のコンプレックスを抱えていました。子どものころは緊張から顔が固まってしまい、大人から「何を考えているかわからない」「子どもらしくない」と言われたり、自分では普通の顔をしているつもりでも目つきが鋭いからか、同級生から「怒ってる？」と聞かれたり。表情は暗くなり、それを受けて周りの人の反応はさらに悪くなり、人間関係も「顔のせいでうまくいかない」と感じていました。

そんな中、美容に興味を持って肌やメイクについて勉強するうちに、ニキビとアトピーが少しずつ改善していきました。また、モデルさんの真似をして表情の研究をすると、「明るくなった」と言われるように。顔の造形は変わらなくても、表情は自分で変えられること。それだけで自分の気持ちも明るくなって人間関係も変わっていくことを実感しました。

今、エステティシャンとなり、多くの相談を受けます。「ニキビと毛穴がひどくて人と会いたくない。でも一生顔を隠して会社と家の往復で終わる人生が嫌で来ました」など、切実なお悩みも……。

皆さん、最初はうつむいて暗い表情をしていますが、筋肉がほぐれてキレイになるにつれ、笑顔を見せてくれるようになります。いつの間にか姿勢も美しくなり、表情も言動も明るく変わっていくのです。

誰でも一歩を踏み出せば、必ず変われると思っています。

ニキビがひどかった
高校時代

なんで表情筋が大事なの？

その人の感情が
その人の顔になる！

そもそも表情筋は、感情を表す筋肉です。その人の感情、心の疲れやストレスは、表情にダイレクトに影響します。

ココ・シャネルが「20歳の顔は自然からの贈り物、30歳の顔はあなたの人生。でも、50歳の顔はあなたの功績」というような言葉を残しています。若いうちは自然と肌にハリや弾力があるので、ストレスも顔に刻まれるまでにはいたりません。ところが年齢とともに肌のハリや弾力が減っていくと、言葉通り、普段の感情やストレスが、「表情」として顔に刻まれていきます。

いつも不機嫌でいれば眉間にシワが寄り、口角が下がった「不機嫌な顔」になります。いつも楽しく笑顔でいれば、目尻に笑いジワができて、口角の上がった「笑顔の顔」になっていきます。**その人の感情がその人の顔になっていく**と言えるでしょう。

表情筋は年齢とともに硬くなり、癖が表面化します。そのため、若いころよりもケアの重要性が増していくのです。

ほうれい線、くま、たるみ……表情筋と姿勢の衰えが原因です

普段サロンでお客様と向き合っていると「ほうれい線が深くなった」「目の下のくまが目立つ」「輪郭が年々丸くなっている」など、お顔の変化や悩みをうかがいます。特にコロナ禍以降は、「頬のたるみ」「ほうれい線」「二重あご」など、お顔のたるみに関する悩みが深刻化した方が多いように感じます。その多くは**「表情筋」のコリや衰えが原因**なのですが、このとき**一緒に悪化するものがあります。それは「姿勢」**です。

表情筋は顔の表情をつくる筋肉ですが、ものを食べるときに使う咀嚼筋（そしゃくきん）や身体の骨格筋とも関連し影響しています。例えば猫背になると、背中が丸まり僧帽筋（そうぼうきん）という筋肉がせり上がり、肩甲骨が開きます。すると身体の前側は下に下がり、縮こまるしかなくなります。結果、顔がたるんで、胸の位置も下がり、呼吸が浅くなるのです。

表情と姿勢は、筋肉でつながっています。「顔のたるみをケアしよう」と思ったら、「姿勢を正して背中を下げる」のが手っ取り早いですし、ダンサーやスポーツ選手、モデルなど「姿勢がキレイな人」は、顔のたるみの進行がゆっくりで、年齢を重ねてもフェイスライン、デコルテラインの美しさを保っています。

もちろん、一般人の私たちでも、何歳からでもキレイな姿勢と表情をつくっていくことは可能です。

背が丸まると
顔もたるむ…

今のわたしを、磨く。めざせ、
ウェルエイジング

「アンチエイジング」という言葉はもう耳馴染みの方も多いはず。エイジング＝加齢、アンチ＝抵抗、すなわち「加齢に抵抗する」という意味です。

いつまでも若々しくいたいのは多くの人の願いですが、加齢との闘いで勝利できる人などいません。人は必ず歳を重ねるし、老けるし、いつかは命が尽きてしまうからです。

人生100年時代と言われる今、エイジングを否定し、抵抗し、闘う（アンチエンジング）よりも、いかに上手に（健康に）、素敵に年齢を重ねるか（ウェルエイジング）を考えるほうが、穏やかで前向きなニュアンスだなと感じます。20歳が瑞々しく魅力的なように、40歳、50歳、60歳、70歳と、それぞれの年齢でしか似合わないものや魅力があるものです。無理に抗って疲れてしまうよりも、年齢を受け入れて楽しんでしまう方が、自然体な美しさが宿るような気がしませんか。

知っておきたい
18の表情筋

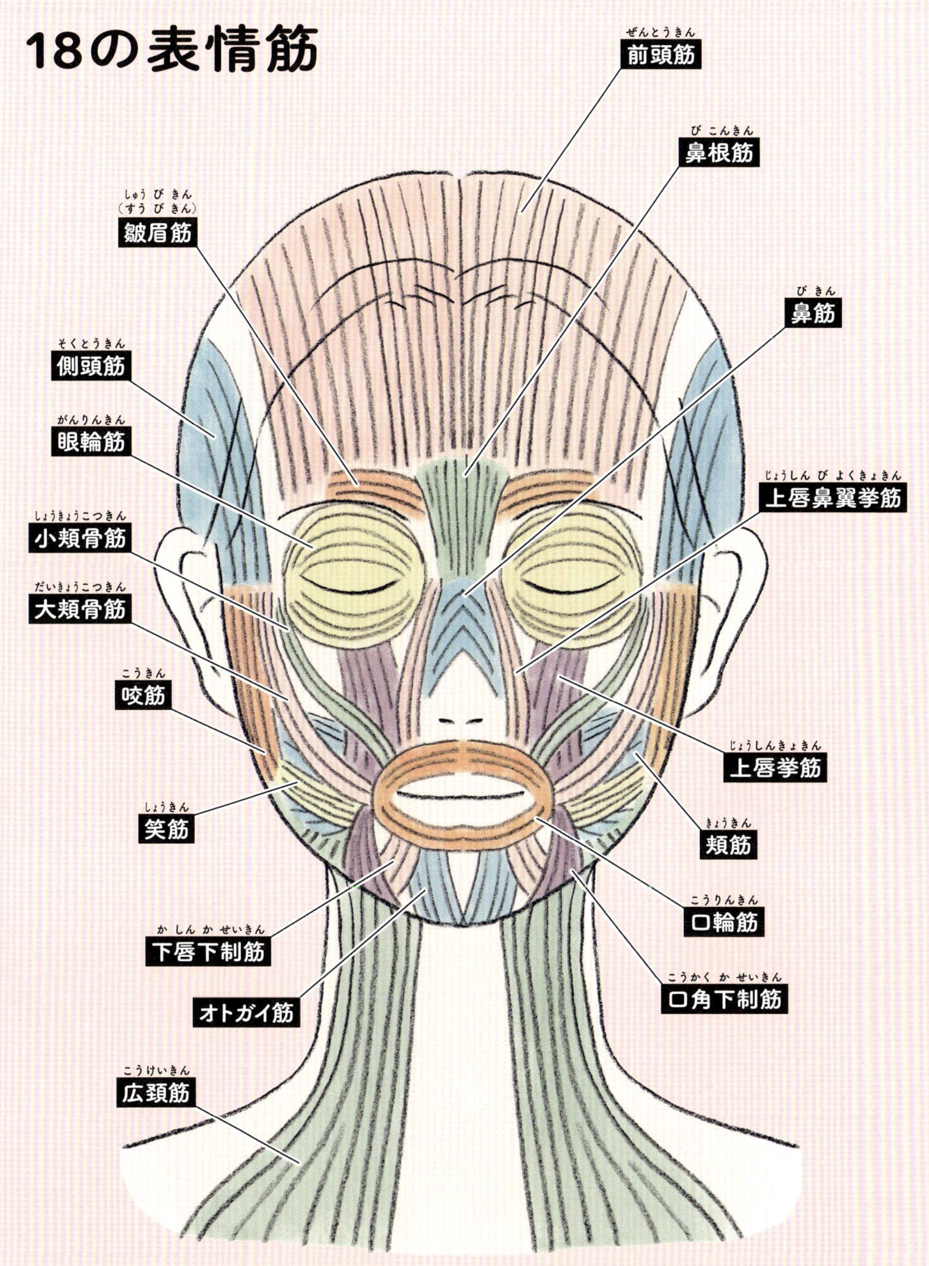

※側頭筋、咬筋は咀嚼筋（そしゃくきん）です

大切なのはほぐして、鍛える

やみくもに鍛えれば
いいわけではありません！

魅力的な表情、キレイな姿勢を手にいれるためにまず大切なことは、「ほぐす」ことです。現代人は慢性的に運動不足で、長時間座りっぱなしなど、筋肉の柔軟性を失っている人が多いためです。運動前にストレッチをして怪我を防止し、可動域を広げて運動の効率を上げるように、表情筋や姿勢を整える際も、まずは「ほぐす」ことから始めましょう。柔軟性が高まるだけでも、左右のアンバランスが軽減したり、血液やリンパの流れが良くなったりします。その結果、くすみ、くま、むくみが軽減する、血色が良くなるなど、健康や美容にプラスになるのです。

また表情筋は、鍛えることでシワが増えたり、口角がさらに下がってしまうような場所も存在するため、やみくもに鍛えればいいわけではありません。

まずはほぐして、必要な場所だけピンポイントで鍛えましょう。

目印はこのアイコン

ほぐす筋肉、鍛える筋肉はアイコンを参考に。

入浴中や洗顔後にゆっくり「フルコース」で

時間に余裕があるときは、最初から順番にエクササイズをするのがおすすめです。筋肉は関連し合っているため、一箇所だけより、まとめて行った方が相乗効果が生まれます。なお、最初のうちは鏡を見ながら「どこの筋肉にアプローチしているか」を意識しましょう。またフルコースのときは、肌が乾燥しないよう保湿をしてから行いましょう。

オフィスや電車で、疲れたなと思ったら気になるところだけ「ながらケア」

仕事の休憩がてら行う場合は、ピンポイントでいきなり行うより、姿勢のケア・ストレッチなど、大きい部位から行うのがおすすめです。また集中してつい奥歯を食いしばってしまう人や大きなアクションができない人は、咬筋・側頭筋あたりのケアがおすすめです。

体験レポート

こう変わりました！

「表情筋が気になる」と語る30代、40代のお二人に、
まずはその場でセルフケアをしていただいたところ、即効で変化が！
さらに自宅で２週間、続けてみた結果、それぞれ気になっていた
シワやたるみが薄くなるのを実感されたとのこと。その様子をレポート！

Y.Fさん（40代前半）

エラ張りやほうれい線が薄くなって気持ちが明るくなりました！

1回のセルフケアで……

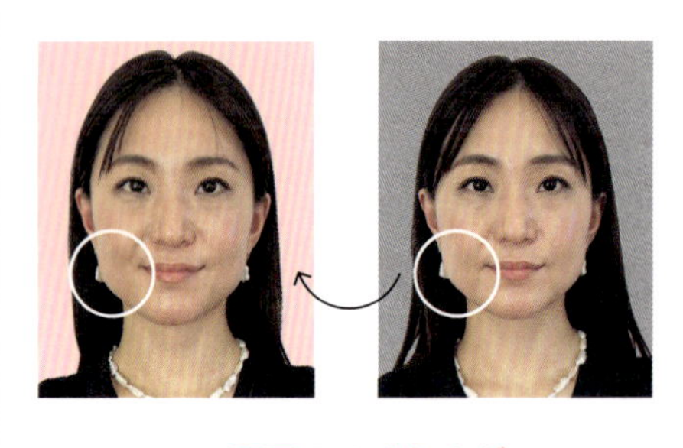

エラ下のふくらみが少しすっきり

2週間後……

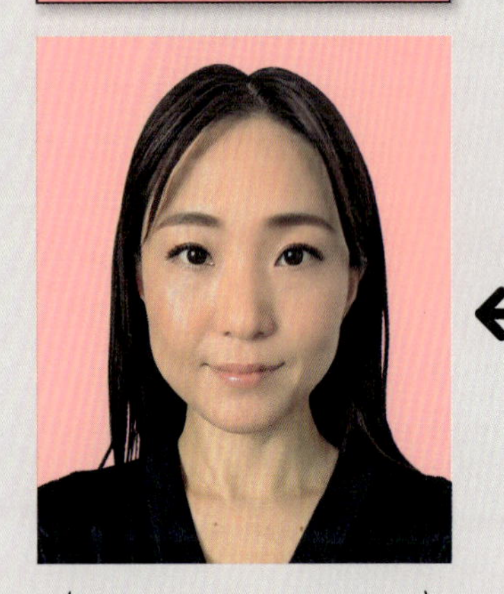

ほうれい線、エラ張り、くまが軽減！

頬のたるみ、ほうれい線、目の下のたるみ、エラ張りに悩んでいます。そのため、側頭筋（P24）、咬筋（P26）、前頭筋（P44）のマッサージを重点的に行いました。咬筋のケアをしたことで、エラ部分が柔らかくなったことを感じました。続けたらもっと良くなる予感……。ほうれい線は側頭筋のケアで、左側が出にくくなった気がします。それに伴って、目の下のたるみもひどくない日が増えたように思います。頭の上の方から、筋肉のハリが戻ってきたような感覚でしょうか。エラ張りやほうれい線は、丁寧にほぐせば薄くなり、気持ちも明るくなりました。「老化は仕方ないけど、少しでも遅らせられるようになるかな？」なんて、希望を持ちました。

M.Hさん（30代前半）

なるべく表情筋を使って笑顔でいるように。むくみ、ほうれい線、コリが減少

2週間後……

むくみ、ほうれい線が軽減！

1回のセルフケアで……

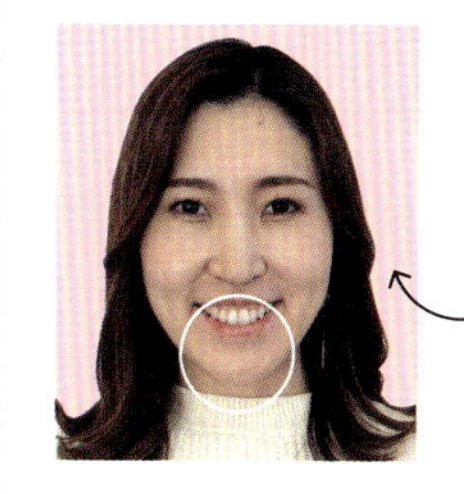
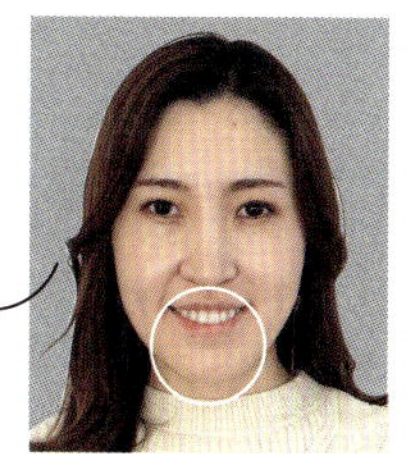

あご下がすっきり

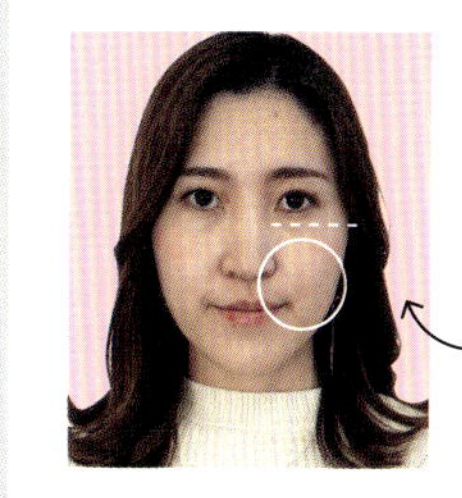
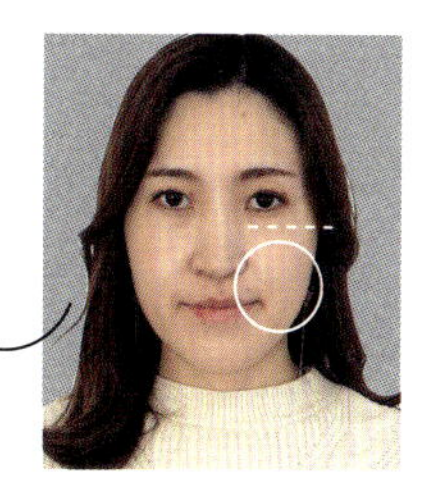

頬の幅が少し短くなり、ほうれい線が薄くなった

30代に入って、顔・目のむくみや大きさ、頬のもたつき感が気になっていました。朝か夜のスキンケア後に、側頭筋（P24）、咬筋（P26）、前頭筋（P44）、皺眉筋（P46）を中心に5〜10分ほど、ケアを続けたところ、朝の化粧時の顔のむくみが以前より少なくなりました。年々ほうれい線がくっきりと目立つようになってきていたのですが、これも薄くなったと思います。また写真を撮ったときに、口角が自然と上がっていることが多くなりました。顔のコリや目の疲れも軽くなり、日頃のセルフケアとしても続けることが大切だと実感しました。最近では「なるべく毎日表情筋を使う。意識して素敵な笑顔にしていく」ということも心掛けています。

Contents

Part 1 表情筋でキレイ

Part 2 姿勢でキレイ

Part 3 生活でキレイ

Staff

ブックデザイン／細山田光宣、藤井保奈（細山田デザイン事務所）
イラスト／平のゆきこ
撮影／田形千紘
モデル／碓氷彩乃（ニュートラルマネジメント）
スタイリング／ito emi (ADDICT_CASE)
ヘア＆メイク／福寿瑠美（PEACE MONKEY）
校正／ぷれす
編集／日岡和美（PHPエディターズ・グループ）

Part 1 表情筋でキレイ

表情筋は、身体の骨格筋のように
過度に鍛える必要はなく、
柔軟性を取り戻して動きを良くすることで、
生活の中で自然と鍛えられていきます。
あなたの魅力が引き出されるように、
まずは表情筋をほぐしていきましょう

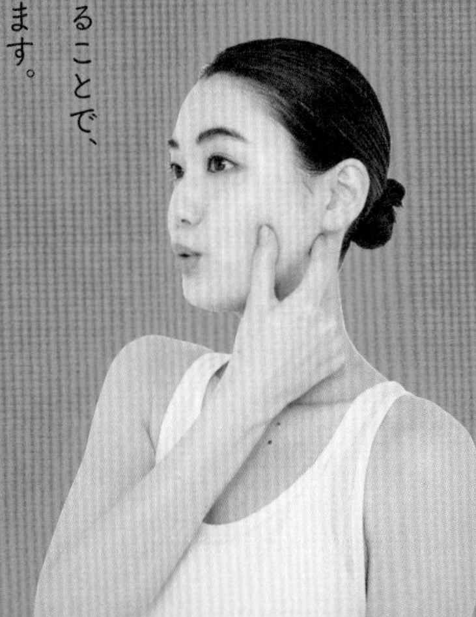

あなたはどのタイプ？

デスクワークの人

一日中デスクに座っていたり、パソコン作業でモニターを見続けていたりする人は、表情筋をあまり使わない傾向があります。表情筋の「衰え」により、口角が上がらなくなり、ほうれい線などの「たるみ」が進行しやすい可能性が。また、同じ姿勢でいる時間が長いため、血流やリンパの流れが滞り、むくみ、冷え、首・肩こりといったプチ不調も。

接客業の人

笑顔をつくったり、人と接する機会が多いことで表情筋を多く使う傾向があり、全体的に若々しい人が多い印象です。ただ、日々使う表情筋が限られていることも多く、特定の表情筋が硬くなって「表情ジワ」が入ることも。

こんなシワができやすい

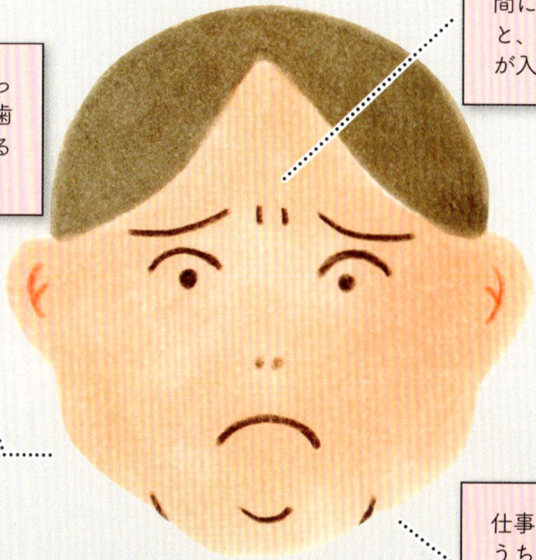

下を向く作業が多かったり、猫背などで奥歯を食いしばる癖がある人は**エラ張り**も

視力が悪かったり、眉間に力が入る癖があると、徐々に**眉間にシワ**が入っていく

仕事中、気がつかないうちに「口呼吸」になっている人は**二重顎**に

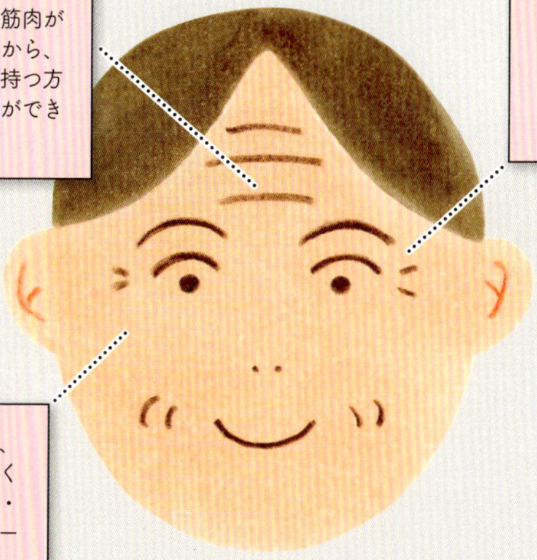

リアクションが良い人や、年齢とともに目元の筋肉が弱ってしまった影響から、眉を上げる表情癖を持つ方は、**おでこに横ジワ**ができやすい

マスク生活の影響で目元の表情筋をオーバーに使う癖がついてしまった方も

笑顔をつくるときに、頬や目元の筋肉が硬くなり、コリからシワ・たるみにつながるケースもみられる

まずは シワをチェック！

今現在の、シワやたるみの進行度合いをチェックしましょう。

真横

斜め

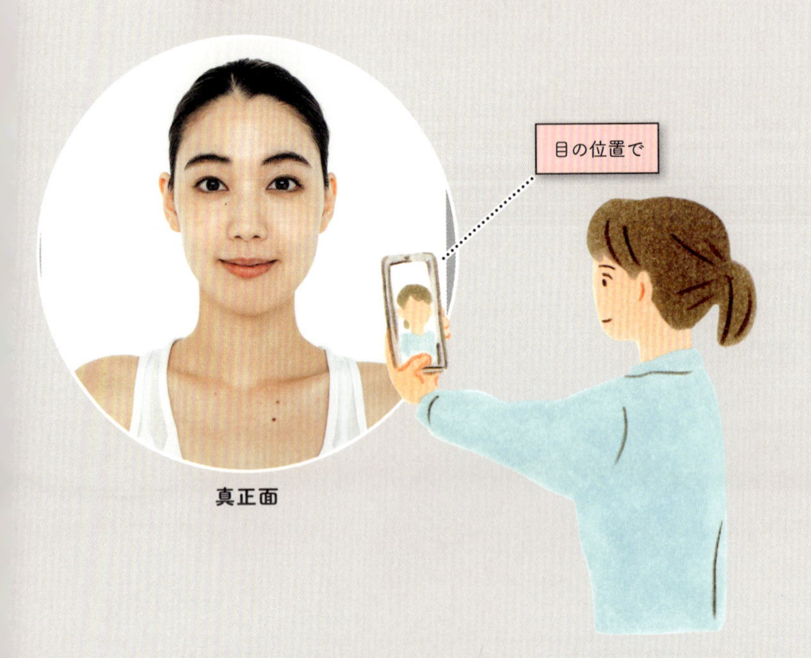

真正面

鏡で真正面（目線の高さ）からまっすぐ顔を観察。三面鏡があれば斜め、真横の状態もチェック。たるみ度合いは斜めや横の方がわかりやすいです。携帯などで写真を撮る際も、目線の高さにまっすぐ手を伸ばして撮影しましょう。撮影した場所に印をつけて、アフターの撮影時も同じ場所で撮影しましょう（写真を撮る場合は、斜め・真横は顔だけではなく、身体ごと向けましょう）。

こんなシワやたるみができます

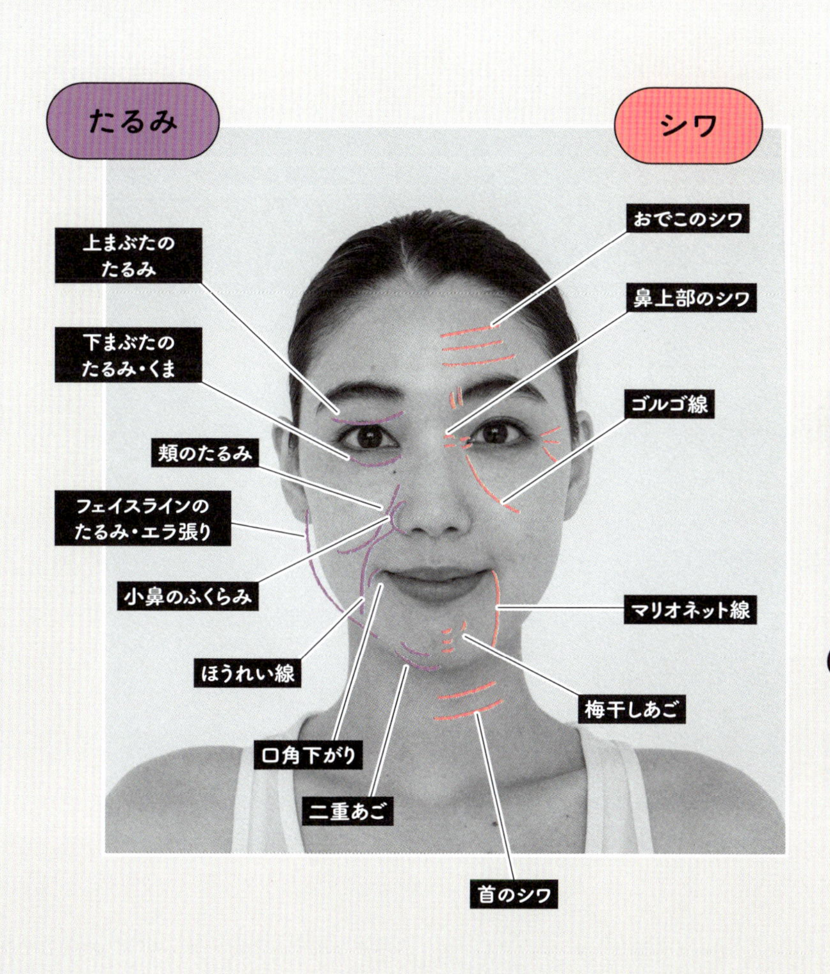

昔と今の「免許証」も見比べてみて！

表情筋の使い方には、人それぞれ癖があります。特定の筋肉をたくさん使えば「シワ」が刻まれ、使わなければ、衰えて「たるみ」になります。

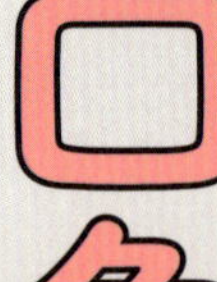

次に口角をチェック！

素敵な笑顔をつくるためには、「口角がしっかりと上がること」が大切です。「口角を上げる筋肉」をチェックしましょう。

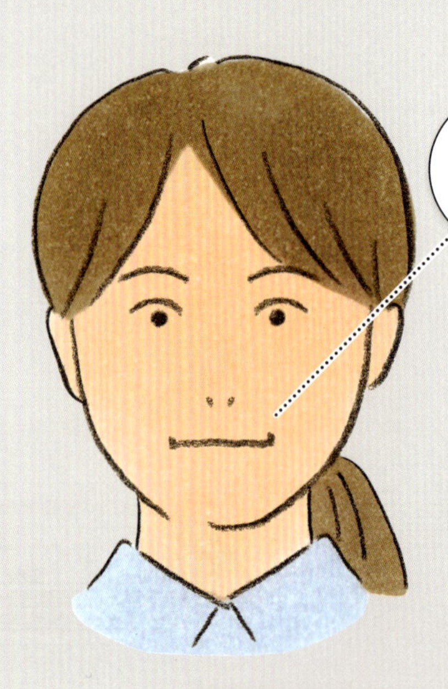

Point!
一文字に

Check 1

上下の唇を、歯で噛むように、口の中にしまう。

Check 2

そのまま、頬に力を入れて、口角だけを上に上げる。

Advice!

「口角チェック」も口角の筋トレになるので続けてみて！

上の歯を8本見せて笑うのが
「正しい笑顔」と言われます。

自然な笑顔ができなくなるんです

口角が動かないor上がらない人

口角を上げる筋肉（口元や頬の筋肉）が弱っています。口角を上げるエクササイズ（P34）をスタート！

口角が下に下がるorあごに力が入って硬くなる人

口角を下げる筋肉が力んでしまう癖があります。口角を上げるエクササイズ（P34）の前に、まずは口元やあごをほぐすエクササイズ（P38～43）からスタート！

思い立ったが吉日です

どんなお悩みにも

時間がない人は

表情筋 01 **側頭筋**（P24）

表情筋 02 **咬筋**（P26）

表情筋 03 **頬筋**（P28）

のエクササイズだけでも続けてみましょう

※側頭筋、咬筋は咀嚼筋（そしゃくきん）です

表情筋

01

フェイスラインのたるみ

ほうれい線・食いしばりにも効く

Advice!

側頭筋と咬筋（P26）は、セットでケアすると効率的！ デスクワーク、スマホの見過ぎなどで下を向く時間が多く、食いしばりがちな人は、まずここのケアを最優先して。現代人は、側頭筋の使いすぎで発達する傾向があるので、よくほぐしましょう。

Point!

大きい筋肉なので、場所はだいたいでOK！

ながらOK

ほぐす

1 グーの手を耳上に当てる

側頭筋にぐっと食い込ませるように、内側に圧迫する。筋肉が硬い人は、指の第二関節を立てて。

ココを動かす

側(そく)頭(とう)筋(きん)

側頭筋は、咬筋（こうきん）と連動して動く「咀嚼筋（そしゃくきん)」。頬骨（きょうこつ）のあたりから耳の上、側頭部にかけての大きい筋肉です。食いしばりや緊張、ストレスなどで張ってくると、フェイスラインに悪影響を与え、たるみやゆがみの原因に。

2 円を描いたり揺らしたり

圧を入れたまま、持ち上げるように円を描いたり、上下に小刻みに揺らす。頭皮表面をさするのではなく、奥にある筋肉を動かすように。側頭筋は大きい筋肉なので少しずつ位置を変えながら、「痛気持ちいい」くらいの強さで。

Point!
テーブルに肘を置いて、頭の重みを預けるように行ってもOK

表情筋

02

エラ張り（四角顔）

食いしばり・フェイスラインのたるみにも効く

Advice!

側頭筋（P24）と咬筋は、セットでケアすると効率的！ 咬筋が発達すると、顔の輪郭やたるみに悪影響を及ぼします。**エラ張り**のほとんどは、**骨ではなくて咬筋の発達**です。夜中に無意識で食いしばったり、日中も仕事に集中しているとき、下を向いたとき、強度の高い運動をするときは、咬筋に負担がかかっています。奥歯に力が入らないように意識して。

あ〜

Point!

爪の長い人は指を寝かせて、肌を傷つけないように！

1 「あ」の口で咬筋を掴む

正しい姿勢で、軽くあごを上げる。口元の力を抜き、反対側の手の親指を咬筋に引っ掛け、人差し指or中指を耳下の骨に引っ掛けるようにして、咬筋を掴む。

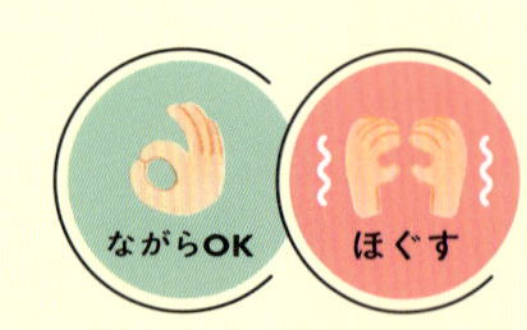

ココを動かす

咬筋（こうきん）

咬筋は、耳の前・頬骨（きょうこつ／頬の骨）の外側下から下あごまでの大きな筋肉です。咀嚼筋といって、ものを噛む時に、側頭筋と連動して動きます。厳密にいうと表情筋ではありませんが、フェイスラインや目元・頬など、顔全体に影響力の大きい筋肉です。

2

「あー・うー」と口を開け閉めする

筋肉（咬筋）をしっかりと掴んだまま、口を「あー・うー」と開け閉めしてほぐす。または、小刻みに揺らす。比較的大きい筋肉なので、3～4箇所、位置をずらしながらほぐす。反対側も同様に。

頬のたるみ

ほうれい線にも効く

ながらOK　鍛える

Advice!

頬筋は大人になるにつれて使われなくなり、衰えやすい場所です。その結果、ほうれい線や頬のたるみが起こるのでケアが必要。**ほうれい線や頬のたるみが気になる人は、このエクササイズだけでも毎日続けてみて！**

口を思い切りふくらませる

口の中を空気でいっぱいにして、小鼻がふくらむくらい思い切りふくらませる。

ココを動かす

頬筋（きょうきん）

頬筋は、頬をふくらませたりすぼめたりする動きで使うような、日常ではあまり使わない深層表情筋です。上あごのほうから口輪筋（こうりんきん）にかけて、大きくて深い場所で頬全体を支えています。

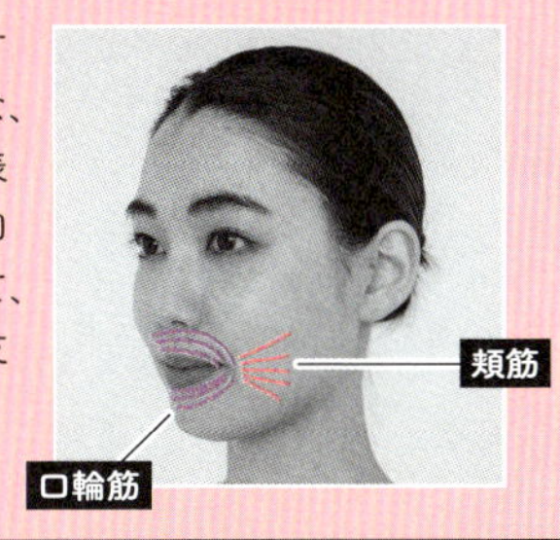

Point!
この状態で
10秒キープ

目安
3セット

2 口を思い切りすぼめる

頬の内側のお肉を吸うように、思い切りすぼめて空気を吐ききる。

表情筋 04

ゴルゴ線

口角下がりにも効く

Advice!

仕事などで無理に笑顔をつくるなど「表情をつくる」機会が多い、または緊張する機会が多い人は、頬が硬くなりがち。硬くなると頬の高さや立体感がなくなり、目の下のくぼみやゴルゴ線が目立ってきます。思い当たる人は重点的にほぐしましょう。

ほぐす場所はココ

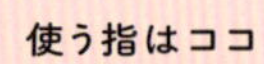

使う指はココ

「グー」にした親指の、第一関節と第二関節の“間”

ゴルゴ線とは?

目頭から頬にかけて斜めに入る線。顔の筋肉のたるみによってできる「表情ジワ」のひとつ。表情筋の衰え、お肌の張り・弾力の低下などが影響。

ココを動かす

上唇挙筋(じょうしんきょきん) 大頬骨筋(だいきょうこつきん)

大頬骨筋は口角を耳方向へ引き上げる筋肉、上唇挙筋は上唇を上に引き上げる役割があります。ここが衰えると口角が下がりやすくなります。口角の上がった笑顔をつくるのにも重要な場所です。このエクササイズは上唇鼻翼挙筋(P32)・小頬骨筋(P34)にもアプローチできます。

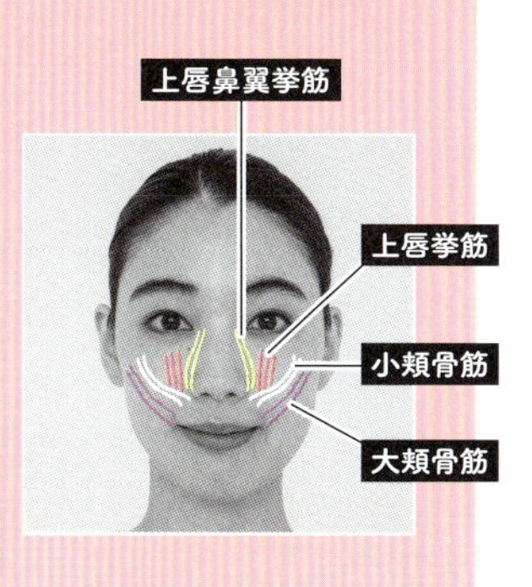

1 親指を鼻すじに当てて、揺らす

手を「グー」にして、親指の第一関節と第二関節の間の面を鼻すじに縦に当てる。頬の骨を感じるように、少し押し込んで圧迫。押し込んだまま、小刻みに揺らす。

目安
頬の3ラインはほぐそう

2 順に移動しながら揺らす

頬の外側へと順に移動しながら、同じ要領で揺らしていく。

表情筋

05

小鼻のふくらみ

ゴルゴ線・ほうれい線
にも効く

Advice!

鼻すじにある上唇鼻翼挙筋は、年齢とともに衰えやすい場所。**鼻は年齢とともに大きくなる傾向があり、小鼻がふくらむと鼻の穴が目立ちます。**むくみやふくらみを予防しましょう。

ほぐす

鼻すじ揺らし

鼻すじに指を当てて揺らす

小鼻の横のラインに中指を当て密着させる。そのまま軽く圧をかけて、上方向に持ち上げ、ほぐすように揺らす。

ココを動かす

上唇鼻翼挙筋（じょうしんびよくきょきん）

上唇鼻翼挙筋は、鼻横（鼻すじ）にある筋肉です。上顎骨と上唇をつなぎ、上唇挙筋（P30）とともに上唇を引き上げる動きをします。ゴルゴ線、ほうれい線、小鼻のふくらみなどに関係する筋肉です。

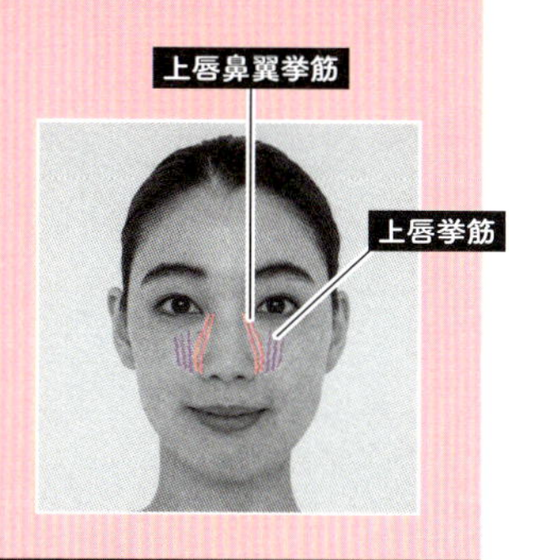

Point!
スキンケア時など、乳液などで滑る状態で行うのがベスト！

Point!
小鼻に赤みが強く出る場合（毛細血管拡張）はストップ！

小鼻揺らし

小鼻を、軽く圧をかけてなぞる

小鼻の中央に中指を当てて、小鼻の溝に沿って中指の腹で軽い圧をかけながらなぞる。乳液などをつけない場合は、軽く圧迫→離す、という動きを、小鼻の溝を移動しながら繰り返す。

表情筋 06

口角下がり

目の下のくぼみ・ほうれい線にも効く

Advice!

頬を斜め上に引き上げて若々しい頬周りをつくり、口角が上がった自然な笑顔をつくるために重要な表情筋です。

ほぐす

1 ストローをくわえる

ストローか割り箸を用意。歯で軽くくわえる。骨格や歯並びにもよりますが、下の歯は唇で隠れ、上の歯だけがみえるようなイメージで。

ココを動かす

小頬骨筋(しょうきょうこつきん) 大頬骨筋(だいきょうこつきん)

小頬骨筋は口元から目元にかけて斜めに走る、大頬骨筋とともに口角を上げて笑顔をつくるのに役立つ表情筋。ここが衰えると目の下にくぼみができ、頬がこけたりします。大頬骨筋も口元からこめかみ方向に引き上げる筋肉で、頬の高さや頬全体のたるみに大きく関わります。口を開けて大爆笑をしたときに使う筋肉で、人によっては出番が少なく、鍛える必要あり。

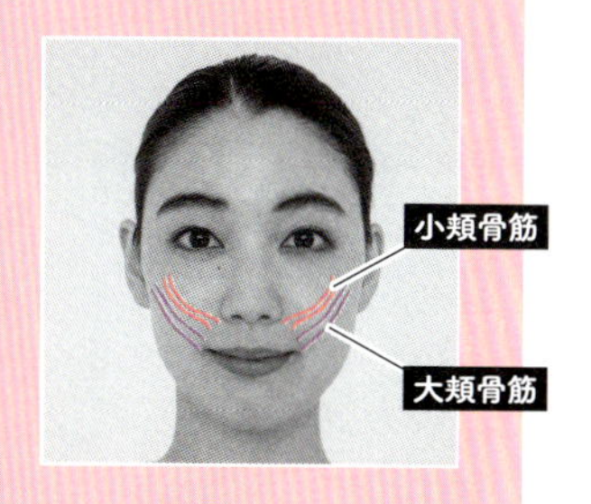

目安
この状態を
10~20秒
キープ!

注意

「口角を横に引く」「下唇を下げながら笑顔をつくる」癖がある人は、あごや口元の力を抜いて!

2 口角をストローの高さより上に上げる

ゆっくりと口角を目尻（斜め上方向）へ向かって上げていく。ストローや割り箸の高さよりも口角が上がるように。かつ口角の位置が左右水平になるように。

表情筋

07

ほうれい線

口角下がり・頬のたるみにも効く

Advice!

ストローエクササイズ（P34）や、「いー・うー」エクササイズ（P39）など、他の口元エクササイズと一緒に行うと効果的。

笑筋エクササイズ

目安
20秒キープ

引っ張ってキープ

口角（口の角）に、人差し指か中指を置いて、固定。反対の手の人差し指か中指を、咬筋（「口を開けたときに動く骨」の付け根にあるくぼみ）の手前に置いて、圧をかけて引き上げる。反対側も同様に。

ほうれい線とは？

「シワ」と認識している方が多いですが、実は皮膚や筋肉の「たるみ」で引き起こされるもの。食いしばりやストレスで起こる側頭筋や咬筋のコリも原因となるので、自覚がある人は側頭筋（P24）や咬筋（P26）のほぐしとセットで行って！

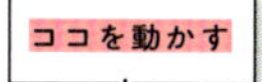

笑筋（しょうきん）

笑筋とは口角を耳に向かって引き上げる表情筋で、歯を見せずに微笑むときなどに使われる筋肉。えくぼをつくる筋肉でもあります。使う度合いは個人差があると言われます。

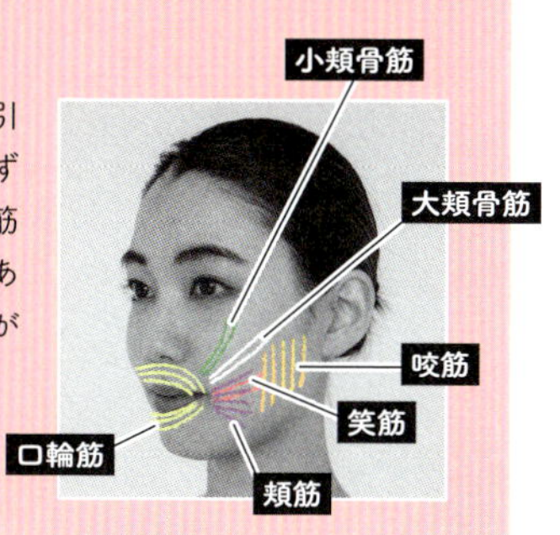

目安
左右
10回ずつ

舌回しエクササイズ

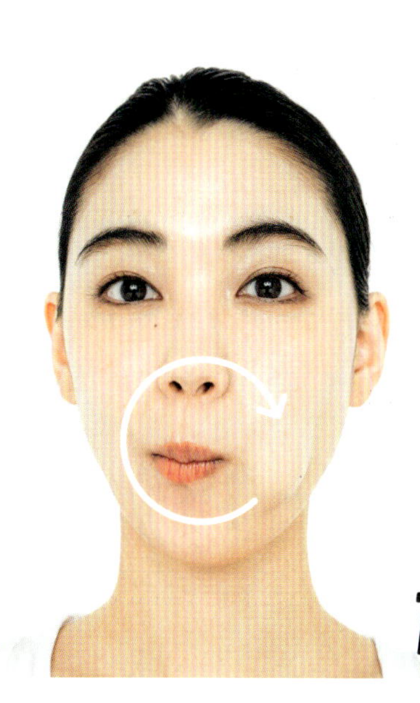

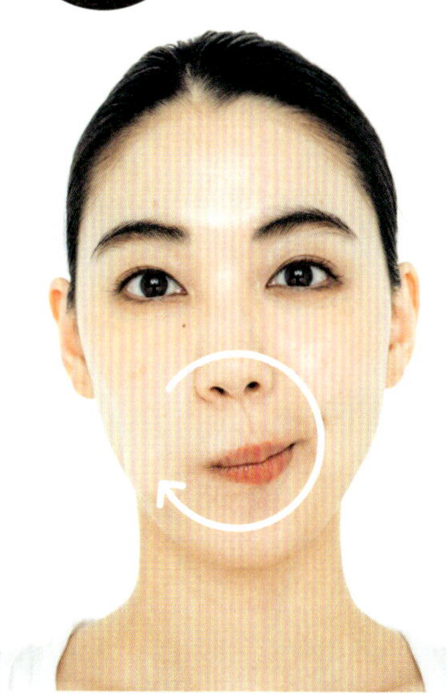

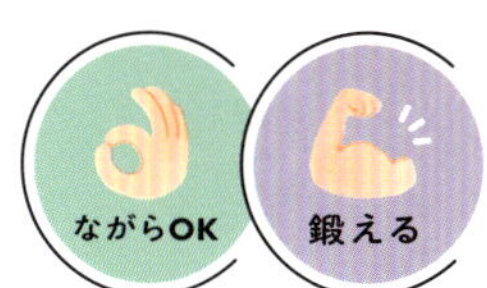

口を閉じて、歯の前で舌をグルグル

力を抜いて、舌の根本からゆっくり大きく回す。はじめは、回数よりも、あごや口元にシワがよったり、力んでいないか、確認しながら行って。舌が、口周りの筋肉（大頬骨筋、小頬骨筋、口輪筋、頬筋、笑筋）に触れながら動くイメージ。

表情筋

08 マリオネット線

口元のシワにも効く

カギほぐし

カギ指でほぐす

人差し指をカギ形に曲げて、第二関節部分を口角の横に当てて、「痛気持ちいい」くらいの強さで圧をかける。外方向へ小さな円を描くようにマッサージ。口角下制筋に沿って、3～4箇所ほど行う。親指はあご裏に軽く当てて固定すると良い。
※歯科治療中の人は控えて。

マリオネット線とは?

口の両端からあごに向かってできる線のことで、「腹話術の人形の口元に似ている」ため、この名がついたそう。頬のたるみとともに、主に口角下制筋の衰えが原因で目立ちます。

ココを動かす

口角下制筋(こうかくかせいきん) 口輪筋(こうりんきん)

口角下制筋は、名の通り「口角を下げてしまう筋肉」。食いしばりや緊張した際に使われ、過剰に使うとマリオネット線が目立ち、口角が上がらないので笑顔の邪魔をします。口輪筋は、唇の周りをぐるっと囲む表情筋。唇を閉じたり、ストローを吸うときなどに使われます。衰えると唇の立体感が減少し、シワやマリオネット線の原因に。

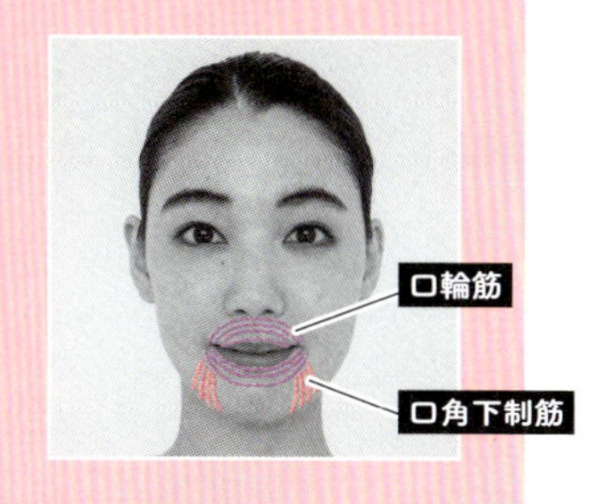

目安 3セット

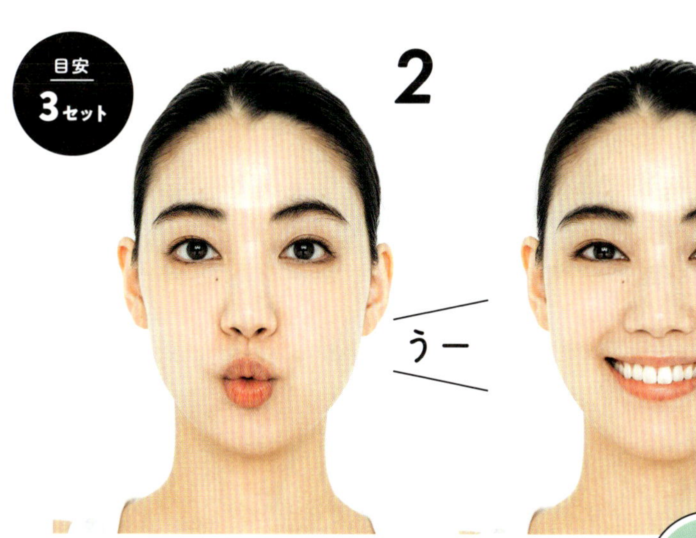

ながらOK　鍛える

「いー・うー」エクササイズ

「いー・うー」の口を10秒キープ

口角を引き上げるように「いー」の口をして10秒キープ。その後、「うー」の口をして唇を前にしっかりと突き出して、10秒キープ。

Advice!

口輪筋は顔のいろいろな表情筋とつながる「要」なので、口元だけでなく、ほうれい線や頬のたるみ予防にも効きます。口呼吸の人や、よく噛まずに食べる癖のある人は、ケア習慣を。

表情筋
09
あごの立体感・シワ

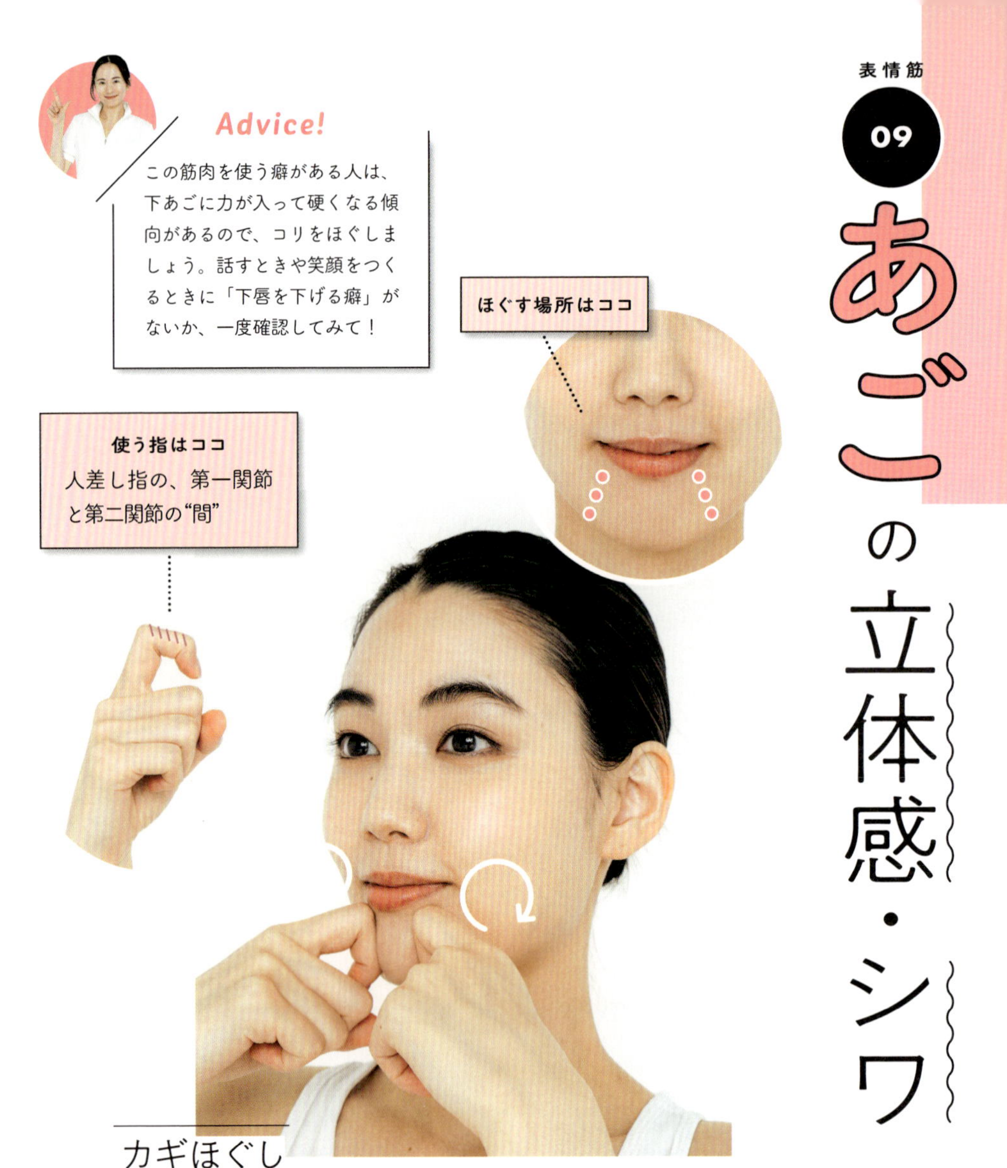

カギほぐし

カギ指でほぐす

人差し指をカギ形に曲げて、第二関節部分を、唇の下、口角より内側に当てて。「痛気持ちいい」くらいの強さで圧をかける。外方向へ小さな円を描くようにマッサージ。下唇下制筋に沿って、3～4箇所ほど行う。親指はあご裏に軽く当てて固定すると良い。※歯科治療中の人は控えて。

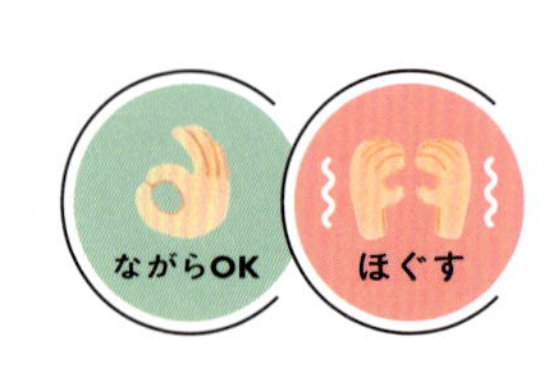

ココを動かす

下唇下制筋（かしんかせいきん）

下唇下制筋は「下唇を下に下げる表情筋」で、あごの立体感に関わります。下唇の両端の少し下から、下あごにかけての筋肉です。ここに力が入る癖があると、不自然な表情になったり、口角が上がらない、不機嫌そうに見える、二重あごの原因になるなど、マイナスの印象を与えやすくなります。

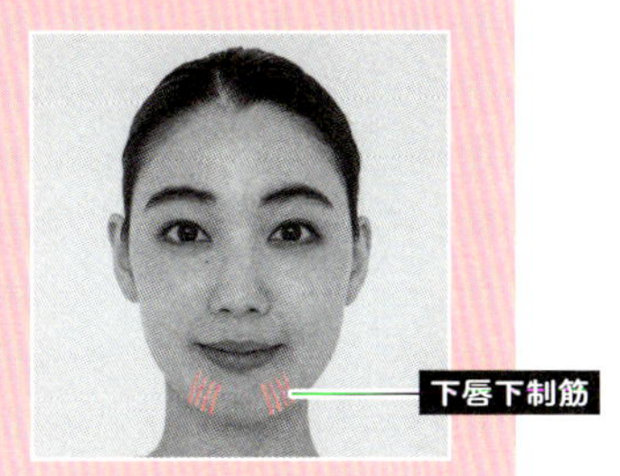

指の腹でほぐすのも、OK

中指、薬指の指の腹を下唇下制筋部分に当てて、圧をかける。そのまま小刻みに左右に揺らす。

表情筋

10

梅干しあご

Advice!

年齢を重ねると、あごの丸みがなくなって平らになり、「梅干しシワ」が目立つようになります。他のパーツと比べると、目立ち方はゆっくりです。**口輪筋（P38）が弱るとオトガイ筋への負担も増えるので、口輪筋とセットでケアすると効果的！**

ほぐす場所はココ
（面をほぐす）

使う指はココ
人差し指をカギ形に曲げた、第一〜三関節の"側面"

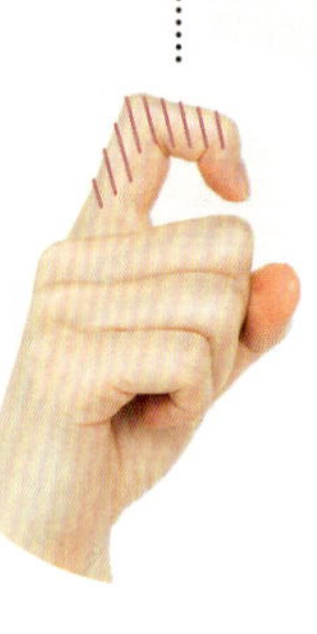

カギほぐし

カギ指でほぐす

人差し指をカギ形に曲げて、第１〜第３関節部分をあごに当てる。親指はあごの骨に引っ掛けるようにすると安定する。少し圧をかけて、小さな円を描き、ほぐしていく。

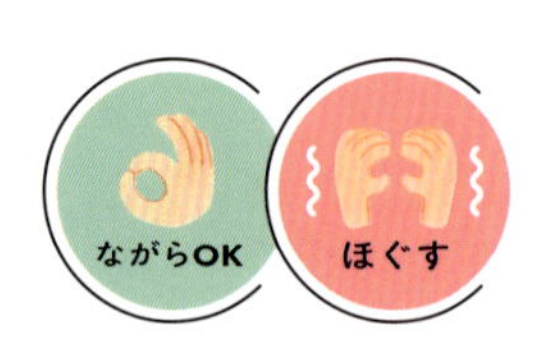

ココを動かす

オトガイ筋

オトガイ筋は、下唇を前に突き出した時に、あごにシワを寄せる深層表情筋。不安や不満などの感情、話し方の癖で、緊張し、硬くなります。ここが硬くなり衰えると、あごの立体感がなくなり、梅干しシワが目立ってきます。

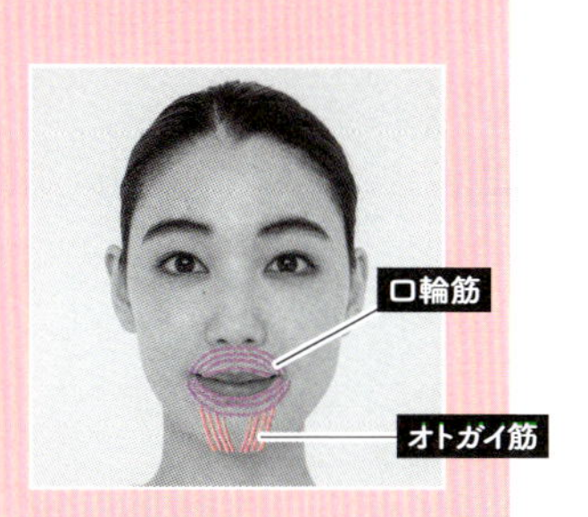

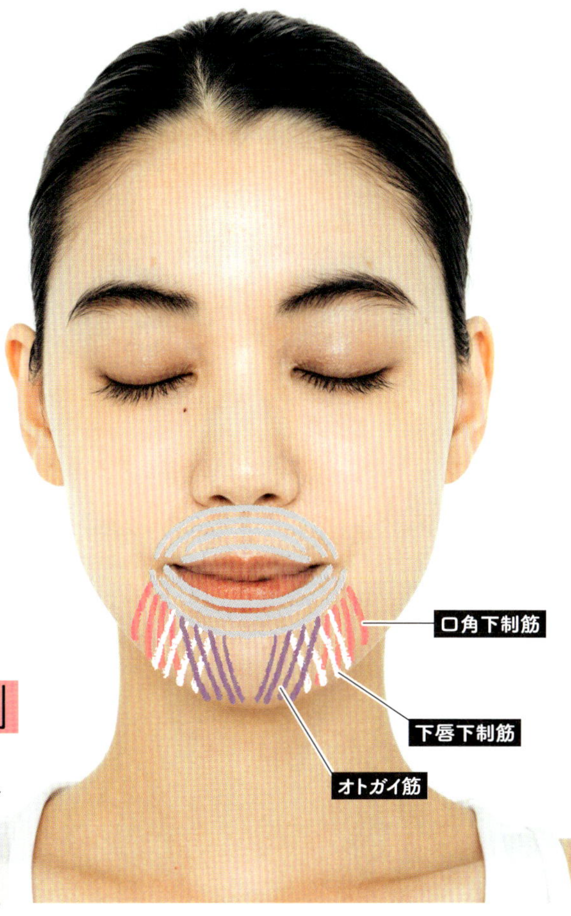

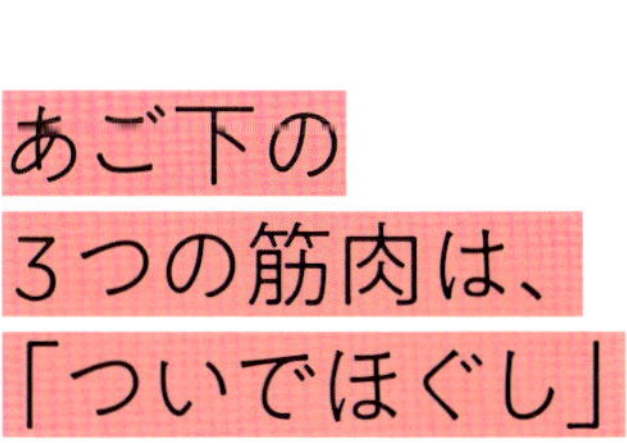

あご下の3つの筋肉は、「ついでほぐし」

口角下制筋（P38／マリオネット線に効く）、下唇下制筋（P40／あごの立体感・シワに効く）、オトガイ筋（梅干しあごに効く）の位置の違いを頭に入れて、いずれもまんべんなく「ついでに」ほぐしていくと効果的！

表情筋

11

おでこのシワ

目元のたるみにも効く

Advice!

眉毛の上に盛り上がりがある人は、皺眉筋（P46）とセットでケアすると効果的！ 眉毛を上に上げる癖があると、おでこの横ジワができやすくなります。頭皮の筋肉と帽状腱膜（ぼうじょうけんまく）でつながっているので、そのコリも影響します。加えて食いしばり、ストレス、目の疲れも影響します。

ほぐす場所はココ

Point!
摩擦しないように注意

1 眉上に4指の腹を当てて、円を描くように圧をかける

眉上に4指の腹を当てる。そのまま、圧をかけてその場で小さく円を描く。5回ほど行う。

ココを動かす

前頭筋（ぜんとうきん）

眉上から、髪の生え際の奥の頭皮にかけて、縦に走っている表情筋です。驚いたときに眉毛を上に上げる動きで使います。おでこのたるみ・シワ、目元の下垂、眉山・眉尻のたるみに影響します。

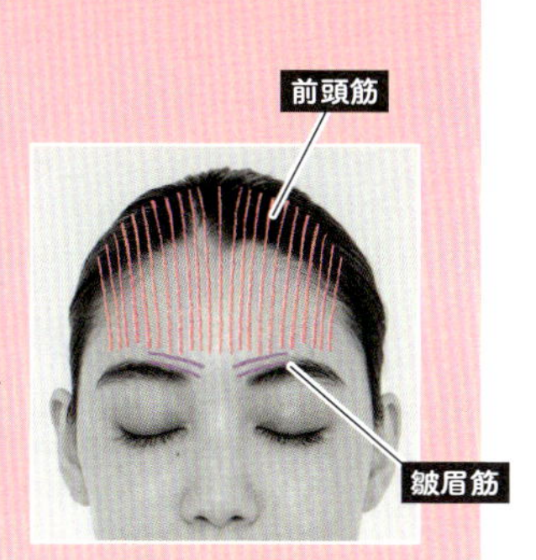

2

生え際少し上まで4指で圧をかける

4指を上にずらしながら、同様に、髪の生え際の少し上まで行う。テーブルに肘を置いて、頭の重みを預けながら行うと指が疲れにくい。

Point!
手の平をおでこのカーブに密着させて

これでもOK

テーブルに肘をついて、おでこに左右の手を重ねる。頭の重みで圧をかけて、上（髪の生え際）へゆっくりスライドさせていく。スキンケアの際に乳液などを塗布した後に行うのがベスト。何もつけない場合は、スライドさせずに上方向に手の平全体で圧力をかける。

表情筋
12

目の疲れ

眉間のシワにも効く

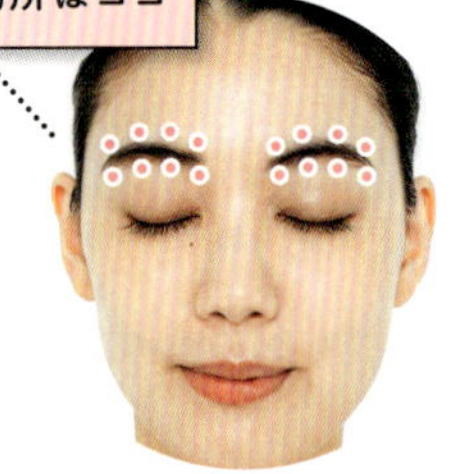

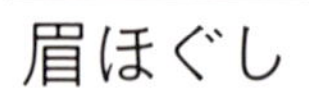

眉ほぐし

眉毛の皮膚をつまんで、優しくほぐす

眉毛の部分の皮膚（の下の筋肉）を人差し指（もしくは中指）と親指の腹で優しくつまむ。そのままほぐすように小さく円を描く。眉間側からスタートして、少しずつ眉尻に向かってほぐす。

目安
5回

眉上げ

眉下に指を当てて持ち上げる

人差し指を曲げて、眉毛の下部分（眼窩という骨）に密着させる（眉毛と指のアーチを合わせる）。そのまま、眉下をほぐすように上に持ち上げて5秒キープ。反対側も同様に。

目安
左右・各
5回

Point!
メイクを落としたくない日中はこちらを!

ココを動かす

皺眉筋（しゅうびきん）

皺眉筋は、ネガティブな感情や疲れ、身体に痛みがあるとき、ものが見えにくいとき、集中しているときなどに、眉間にシワを寄せる動きをする表情筋。この筋肉が収縮すると、眉間にシワが刻まれます。

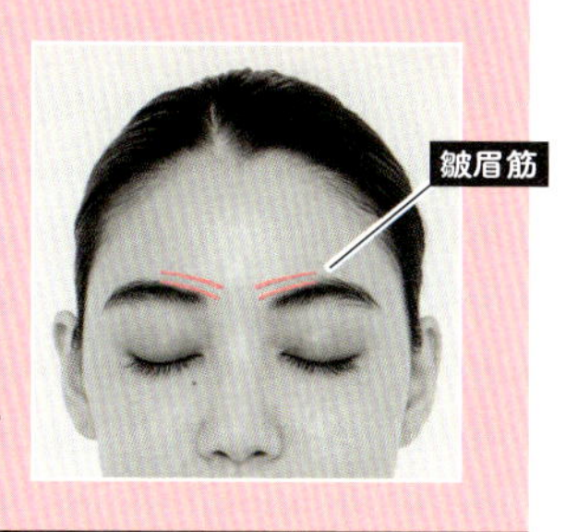

Point!
洗顔後、
肌を整えた後に
優しく

眉クロス

眉下から眉上へ、指を斜め上に滑らせる

中指を眉下から眉上へ、斜め上の方向に滑らせる。反対側も同様に。

Advice!

目の疲れがある人は、眼輪筋（P48）とセットで。眉毛の上に盛り上がりがある人は、前頭筋（P44）とセットでケアすると効果的。
おでことセットで凝ってしまうと、眉毛の上にぽっこりと盛り上がりができてしまいます。原因としては表情癖が大きいですが、視力低下の放置や、眼精疲労から眉間に力が入る人も多いので注意。

表情筋 13

下まぶたのたるみ・くま

眉間のシワにも効く

Advice!

皺眉筋（P46）をよくほぐしてから行って。セットでケアすると効果的です！ 目尻にできる笑いジワはポジティブな印象がありますが、目の下のシワは疲れた印象を与えがちです。目の酷使には注意しましょう。

ほぐす場所はココ

Point!
圧はかけずに、指を添えるだけでOK

鍛える

1 目の下に指を軽く置く

目の下に人差し指（または中指）を軽く置く。

ココを動かす

眼輪筋（がんりんきん）

目をぐるっと囲む筋肉です。深層部分はまばたきを、浅層部分は笑ったり目を細める動きをします。まぶたや下まぶたのたるみ、むくみ、目尻や目の下のシワに関わります。

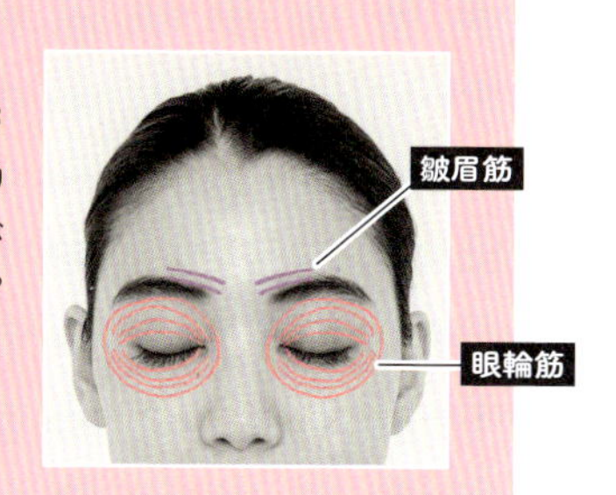

2 上まぶたを動かさずに、下まぶただけで目を細める

下まぶたの筋肉が動くことを意識しながら目を細める。眩しいときに目を細めるイメージで。ゆっくりと細めて、ゆっくりと戻す。

Point!
上まぶたが動かないよう、鏡で確認しながら行って！

目安
5回

表情筋

14

上まぶたのたるみ

眉間のシワ・おでこのシワにも効く

Advice!

皺眉筋(P46)をよくほぐしてから行って。セットでケアすると効果的です！ また、おでこのシワが気になる人は、前頭筋(P44)とセットで行いましょう。上まぶたのたるみは、眼輪筋の上部の衰えが主な原因。ここを鍛えれば、おでこの筋肉（前頭筋）を使わずとも、目をパッチリと開けられるようになります。おでこのシワ対策にも有効です。

Point!
おでこに
シワが寄るのは
NG！

Point!
黒目とまぶたの間に
「白目」が出る
くらいが、
ベスト

目をカッと見開く

鍛える

おでこの筋肉を使わずに、目をカッと見開く。黒目とまぶたの間に「白目」が出るくらい、しっかり見開けると良い（骨格的に難しい場合もあるので無理はせず）。目を見開いたら、10秒キープして、戻す。

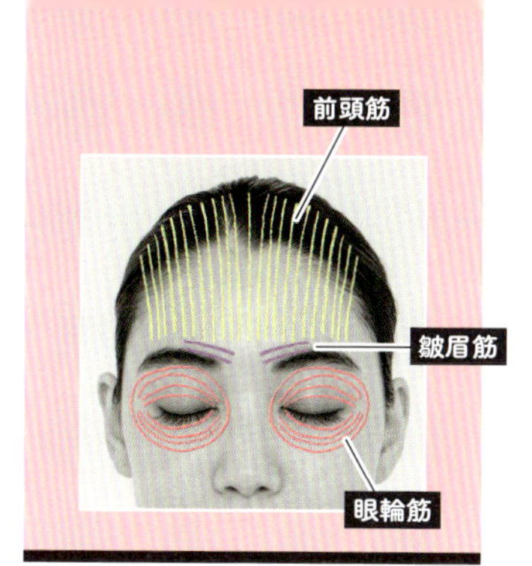

おでこに手を乗せて行ってもOK

慣れないと「難しい」と感じる人も多いので、おでこに手を乗せて、筋肉が動かないように確認しながら行っても良い。

表情筋 15

鼻上部のシワ

小鼻のふくらみ・眉間のシワにも効く

Advice!

笑う、怒るなど感情が高ぶったり、考え込むときに使う筋肉ですが、この筋肉を使う・使わないは個人差が大きいです。鼻の根本のシワはあまりできない人もいますが、「予防」も大切です。

ながらOK　ほぐす

ほぐす場所はココ

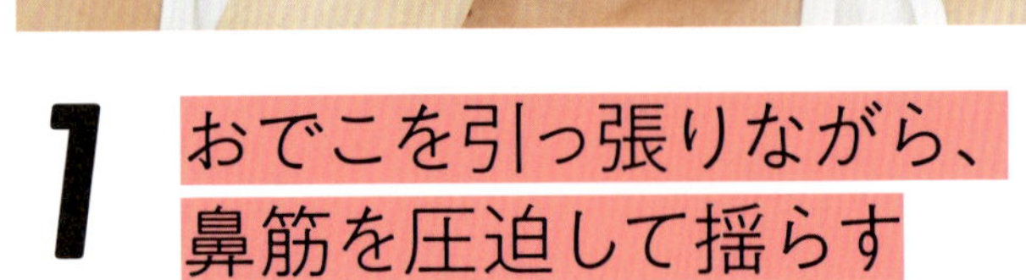

1 おでこを引っ張りながら、鼻筋を圧迫して揺らす

片方の手でおでこを押さえ、筋肉を少し上に引っ張る。もう片方の手の人差し指・親指で鼻筋を優しくはさみ、軽く圧迫しながら上下に揺らす。

ココを動かす

鼻筋(びきん) 鼻根筋(びこんきん)

鼻筋は鼻すじの幅や、小鼻のふくらみに影響します。また鼻根筋は目頭から鼻の上部にシワをつくります。このシワはウサギのキャラクターに似ていることからバニーラインと呼ぶこともあります。

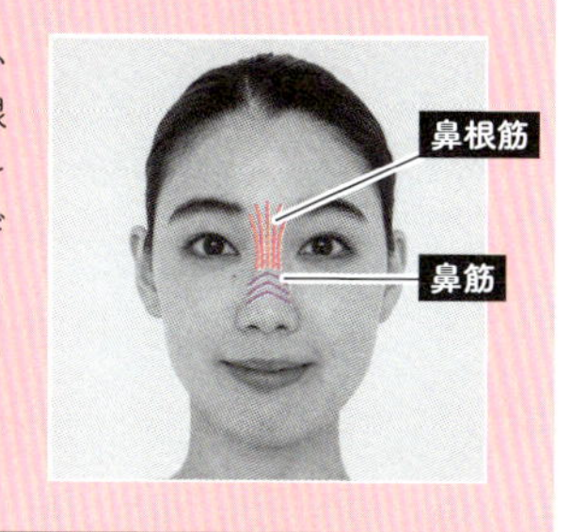

2 眉間の下から小鼻のふくらみまで動かしながら揺らす

眉間の下から小鼻のふくらみの手前まで、位置をずらしながら行う。

ツボ押し3箇所

鼻すじの筋肉は、大事なツボや静脈のラインでもあります。日中メイクの上からでもできるツボ押しは覚えておくと便利です。くま、くすみ、目の疲れや花粉症にも。

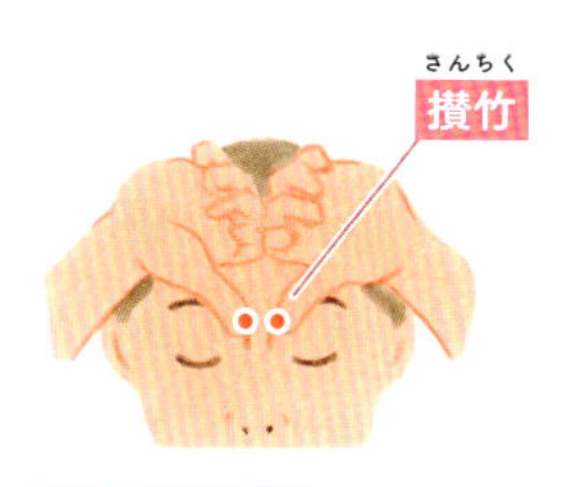

眉間の下のツボ

疲れ目、目のけいれん、鼻炎、むくみ、頭痛

親指の腹を眉間の下の骨下に当てて、持ち上げるようにゆっくりと押す。

目頭の内側のツボ

ドライアイ、目の充血、くま、頭痛、肩こり

親指と人差し指で鼻の付け根をつまむようにはさみ、骨のくぼみ部分をゆっくりと押す。

小鼻のみぞのツボ

鼻炎、鼻詰まり、くま、くすみ

中指の腹を小鼻の横のくぼみに当てて、ゆっくりと斜め上に押し上げる。

表情筋 16

二重あごと首のシワ

Advice!

広頚筋が衰えると二重あごに。また、硬くなり縮こまることで、首のシワ・バストの下垂にもつながります。口角下制筋などに影響して、口角が下がってしまうことも。ストレッチで、首の前側をしっかりと伸ばしましょう。

目安 3回

真上バージョン

天井を向いて、あごから圧をかける

背筋を伸ばして姿勢を正した状態で、天井を向く。そのまま片手の手根をあごに当てて、ゆっくりと後ろ側に圧をかける。5秒間、その状態をキープして。
※天井を向くだけで首の前がしっかり伸びている人は、手を添えなくてOK！

Point!
余裕のある人は、もう片方の手を肘に添え、さらに圧をかける

ココを動かす

広頚筋（こうけいきん）

広頚筋は、下顎骨（下あごの骨）の下から、胸上部（鎖骨の下／大胸筋・三角筋の上部）までを覆う、名前の通り、頚部の広い筋肉です。加齢や悪い姿勢などで収縮し、衰えることで、首のシワや二重あご、口元・フェイスラインのたるみにつながります。

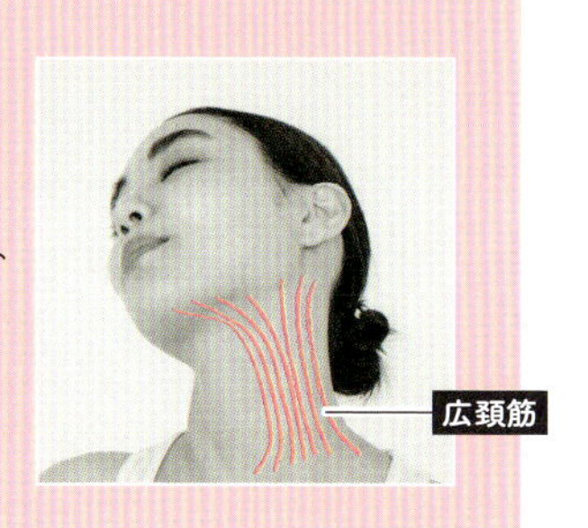

斜め上バージョン

ながらOK

ほぐす

目安 左右・各3回

1

あご下と鎖骨に手を置く

背筋を伸ばして姿勢を正した状態で、あご下に手を当てる。反対の手は、鎖骨のあたりに添える。

2

斜め上に圧をかける

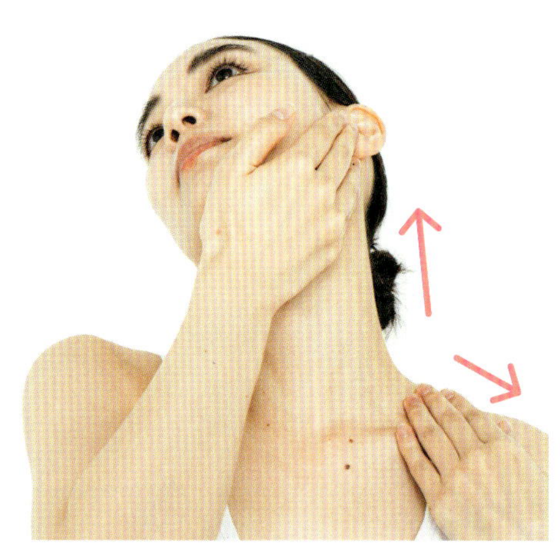

頭を斜め後ろに倒す。あご下の手と、鎖骨あたりの手を引っ張り合うようにして、ゆっくり圧をかける。5秒間、その状態をキープして。反対側も同様に。

Column

キレイのためのスキンケアのポイント
三大原則を忘れずに

世の中にはさまざまなスキンケア方法がありますが、基本は3つ。「1．汚れを落とす　2．保湿　3．守る」です。つまり、1は家に帰ったらメイクや日焼け止め、皮脂や排気ガスなどの汚れをクレンジング・洗顔でしっかりと落とす。2は化粧水やクリームで適度な保湿を行う。3は日中、紫外線や大気汚染、埃などから肌を守るために日焼け止めやUVカットの下地を使う。これがスキンケアの三大原則です。

肌荒れしやすい人や、美意識の高い人ほど、いろいろな化粧品や美容法を試したくなるものですが、本来、健康な皮膚は化粧品がつくるのではなく、「自分自身の健康な身体」から生み出されるもの。バランスの良い食事と適度な運動、質の良い睡眠が、遠回りなようで、一番の美肌への近道です。

ただ、年齢とともに肌は乾燥しやすくなります。肌が乾燥している状態で表情筋のエクササイズを行うと小さな傷がついてしまうので、必ず保湿をしてから行いましょう。またこの本での表情筋エクササイズは、肌の負担になる摩擦が起こらないようにつくられていますが、肌が弱っているときは特に注意して行いましょう。

Part 2

姿勢でキレイ

「姿勢をキープするための
身体の柔軟性と筋肉」は、
普段の過ごし方や意識で、
誰でも鍛えることができます。
ぽっとあいた時間でも構いません。
まずは身体を伸ばすところから始めましょう。

頭はボーリングの球です

突然ですが、自分の頭の重さをご存知ですか？
人の頭の重さは体重の10％ほどと言われ、体重50キロの人で約5キロ＝約11ポンド。つまり、ボーリングの球ほどの重さなんです。ただ、単純に「重いから身体の負担になる」というわけではなく、

背骨、首の骨の真上にキレイに乗れば、重さは分散されて身体への負担はあまりありません。猫背や反り腰など、歪んだ姿勢の上に頭の重さがかかることで、身体の各所の負担が大きくなってしまうのです。身体に負担のない姿勢をトレーニングしていきましょう。

頭は
首の骨の真上に！

心の健康と美容のために、「**キレイな姿勢**」を始めましょう。

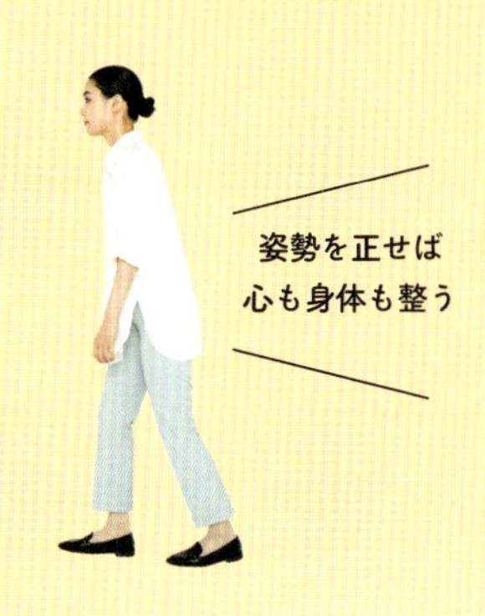

人に与える印象で一番大きいのが「姿勢」と言っても過言ではありません。猫背で縮こまった姿勢は「自信がなさそう」「消極的」といったマイナスの印象を与えますし、背筋がピン！　として胸を張っているだけで「自信がありそう」「頼りがいがありそう」「前向き」といったプラスの印象を受けます。「猫背で、自信たっぷりの表情」「背筋が伸びて堂々とした姿勢で、自信のない表情」の人はあまりいないですし、どこかちぐはぐな印象になりますよね。

心の状態、表情、姿勢はリンクしています。「自信を持とう」と思っても、本当の意味で心を変えるには時間がかかりますが、姿勢は自分の意識次第で、今すぐに変化を起こすことができます。自分に自信がなくても、「自信があるように見えるキレイな姿勢」を続けることで、周りからの目や、自分自身の心まで変わっていくのです。

正しい姿勢がキープできるようになれば、肩コリなどのプチ不調が減り、筋肉がついて冷えやむくみが解消するなどということもあり得ます。

まずは

をチェック!

「壁立ち」で、自分の姿勢をチェックしましょう。

横から

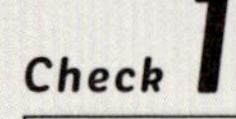

一直線?

頭頂部、耳たぶ、肩の先端、腰(足の付け根の外側)、膝の外側、くるぶしが一直線か?

Check 2

隙間は?

壁と腰の間にできる隙間が手の平1~2枚分ならOK。

拳が入る、またはそれ以上に隙間が大きく開いている→ 骨盤が前傾して反り腰の可能性大。腰痛持ち、お尻が出ている、一見、背筋が伸びて、姿勢がキレイに見える人に多い。

手の平1枚が入らない、全く隙間がない→ 骨盤が後傾している可能性大。首が前に出て、猫背や下腹がぽっこりしがちな人に多い。

壁に背中をつけて立ち、後頭部、両肩、お尻、ふくらはぎの裏側、かかとが壁につくようにします。全身鏡を使う、またはスマートフォンなどで全身の写真を撮って確認を。印をつけておいて、アフターの撮影時も同じ場所で撮影しましょう。

Check 3

水平？

正面から見た時に、左右の肩の高さ・腰の高さが揃っているか？

わかりにくい場合は鎖骨のラインをチェック！

肩の左右差の原因は、肩こりなどで背中がせり上がっている、足組みをする、片足に重心を乗せる、重いバッグを片側だけで持つ、テニスなど左右差の出るスポーツをしているなど。肩への負荷は、左右で分散させて。

Check 4

ぴったりつく？

左右の足がぴったりつくか？ 太ももの付け根、膝の内側、ふくらはぎの内側がぴったりつくか？ 膝の間に隙間ができるのがO脚、膝がついてふくらはぎがつかないのがX脚です。

壁立ちトレーニング

まっすぐ立つことが難しくて「歪み」がある人は、「後頭部・肩甲骨・お尻・ふくらはぎ・かかと」を壁につけた状態で、目線は上げて遠くを見て、ゆっくり呼吸をしながら3分間立ってみましょう。腰が痛い、くるぶしが壁につかない人は、少し前に出てもOK。痛みがある人は無理せずに。

可動域をチェック！

自分の首周りや上半身の硬さをチェックしましょう。

Advice!

悪い姿勢や、長時間同じ姿勢でいることで、首や肩周りの筋肉が緊張状態になると、筋肉が硬直し、首を動かす際に痛みや張りを感じることが増えます。悪化すると「ストレートネック」の原因に。血行不良からむくみやくすみなど、顔への影響も大きくなります。**可動域チェックの動きを、ストレッチ代わりに習慣化しましょう！　徐々に柔らかくなることを実感するはず。**

1 前と後ろに倒す（前後屈）

前に約60度、後ろに50度で十分とされる。

足を肩幅に開いて立つ、または骨盤を立てて座って行う。背筋を伸ばし、目線はまっすぐ前に。動いている途中に引っ掛かりや痛み、違和感があればストップ！

2

回旋

正面を向いた状態からゆっくり右を向く。正面に戻って左を向く。左右とも70度で十分とされる。左右差もチェック！

3

NG!

反対側の肩が上がる、または身体ごと倒す

横に倒す（側屈）

耳を肩につけるように首を倒す。50度曲がれば十分とされる。左右差もチェック。

4

脇腹ひねり

手を真横に広げて、上半身を右にひねる。正面に戻って左も同様に。腰からひねらないように、身体（腰）は正面に固定したまま行って！

Check!

自分の指先がどこを指すか、その角度／どこまでひねることができるか？（左右差も確認）／背中の痛みや違和感はないか？

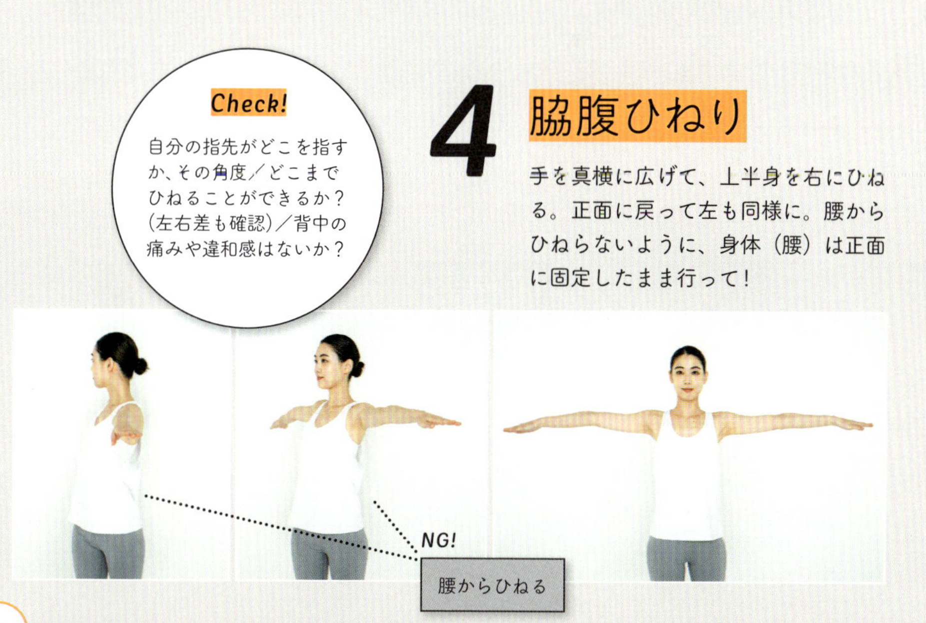

知っておきたい 背中・肩の筋肉

押さえたい筋肉は5つ。表情筋にも影響を与える大事な筋肉です。

大胸筋

大胸筋は、肩をすくめたり、腕を上げたりするときに使う筋肉です。肩こり、巻き肩、猫背の人は、大胸筋上部が硬く縮こまりがちで、呼吸がつまる感じがある人も。

胸鎖乳突筋

胸鎖乳突筋は、後頭部から首の側面を通り、鎖骨の前側にかかる首の筋肉です。首や頭を左右前後に動かし、頭・鎖骨・姿勢に関連する大事な筋肉です。食いしばり、猫背、運動不足などでこの筋肉が緊張すると、首・肩のこりや頭痛などの不調が。

菱形筋

菱形筋は大小あり、肩甲骨と脊柱の間にある筋肉です。肩甲骨を後ろに引いたり寄せたりする動きをし、不安定な肩甲骨の位置を支えます。現代人は猫背や前屈みの姿勢で肩甲骨が開きがちなので、肩甲骨を寄せる動きで「ハミ肉」を解消しましょう。

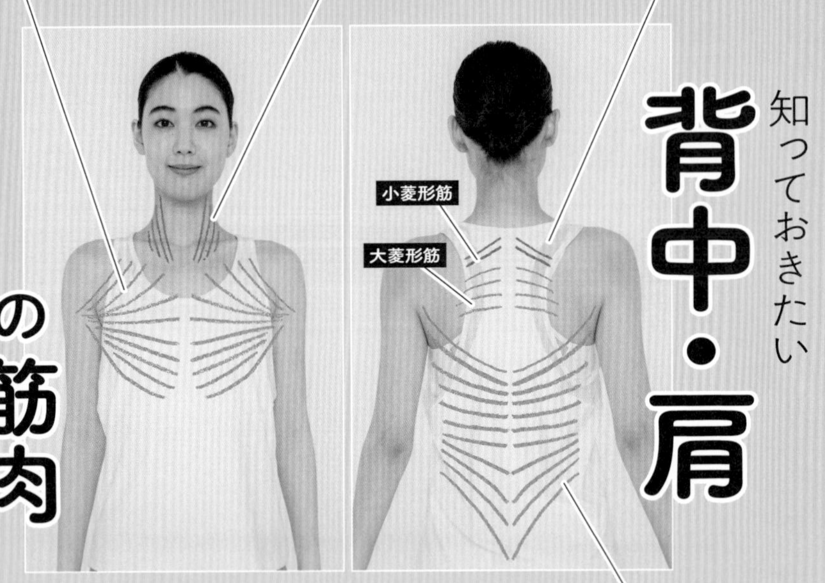

広背筋

広背筋は、肩や上半身の動き、姿勢に影響を与える重要な筋肉です。脇下から腰にかけての大きな筋肉で、動かすことで、猫背・背中のたるみ・ブラジャーにのる「ハミ肉」の予防や解消につながります。

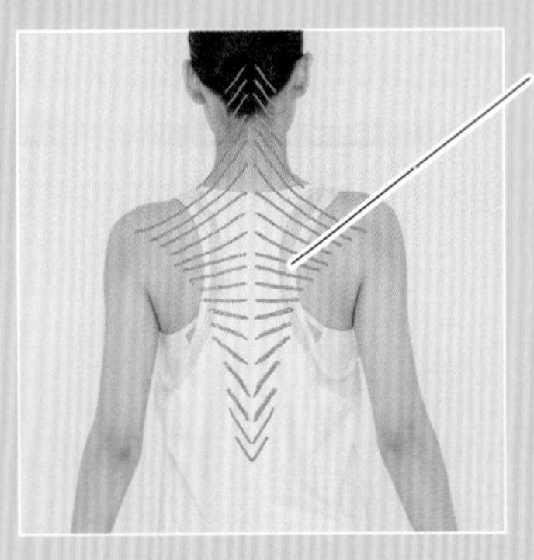

僧帽筋

僧帽筋は首の後ろから肩、背中にかけて左右を覆っている大きな筋肉です。首や肩甲骨の動きをサポートするなど、日常で使う重要な筋肉でもあります。猫背など首が前に出た姿勢が続いて、僧帽筋上部に負担がかかる状態がいわゆる「肩こり」です。

姿勢 01

巻き肩

ココを動かす

大胸筋（だいきょうきん）
僧帽筋（そうぼうきん）
広背筋（こうはいきん）

巻き肩とは？

肩が前方内側に入り込んだ姿勢。肩や胸にかけての筋肉が縮こまり、肩甲骨の間が開いた状態です。放置すると肩関節の可動域が小さくなり、筋肉も硬くなって不調に。肩甲骨を寄せる動きで改善を！

タオルでブラブラ

目安
左右・各
3回

1 タオルの両端を持つ

フェイスタオルの両端を持って、腕が耳のラインにくるように頭の上に上げる。

2 そのまま身体を右、左へゆっくり倒す

Point!
呼吸を止めずに

腕を伸ばしたまま、身体をゆっくり右側に倒す。気持ち良い、もしくは痛気持ちいいくらいまで。呼吸を止めずに、そのまま20秒ほどキープ。左側も同様に。

※腰や背中に負担がかかると感じる人は無理せずに。

姿勢 02

巻き肩

肩回し

目安 各10回

1 指先を肩に添える

身体がぶれないように、足を肩幅に開いて立つ（またはイスに骨盤を立てて座る）。指先を、右手は右肩、左手は左肩に添える。

Point!
肩甲骨を大きく動かすイメージ

2 そのまま両肘を寄せるように回す

そのままゆっくりと腕を回していく。下から上へ、両肘を寄せるように。

3 そのまま肩甲骨を寄せるように回す

肘が耳の横を通ったら、肩甲骨を寄せるイメージで下げていく。反対回しも同様に。

※肩が上がらない人は無理をしないように。

ココを動かす

広背筋(こうはいきん) 菱形筋(りょうけいきん)

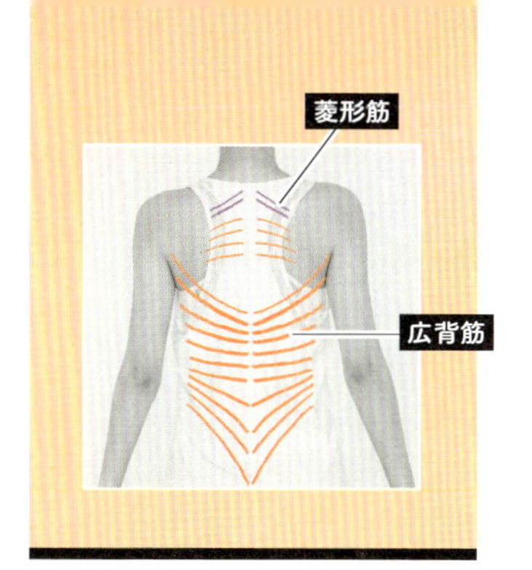

Advice!

肩甲骨・肩・背中の柔軟性を高めつつ、肩甲骨を寄せる筋肉を鍛えます。

後ろでくるん

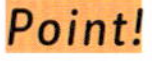

Point!
腕が耳より前にいかないように注意！

1 タオルの端を持って上げる

両手でフェイスタオルの端を持ち、上に上げる。

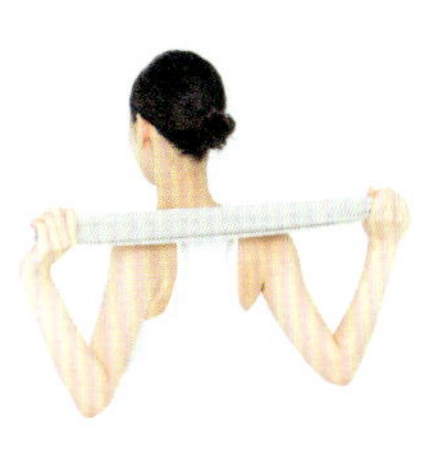

2 肩甲骨を寄せながら肩までタオルを下ろす

そのまま肩甲骨をギュッと寄せながら頭の後ろ側にタオルを下ろす。

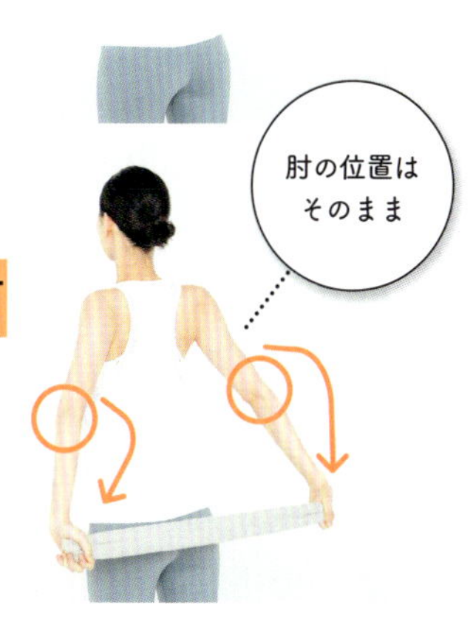

3 肘の位置を固定したまま背中でタオルをくるんと返す

肘の位置を固定したまま、背中側でタオルをくるんと返す。余裕がある人はタオルを短く持って強度を上げてもOK。

※身体が硬い人や腕や肘が辛い人は、無理せずにタオルから片手を離して負荷を逃がして。

姿勢 03

巻き肩

手を上げ下げ

ココを動かす

広背筋（こうはいきん）
菱形筋（りょうけいきん）

Point!
腕が耳より前にいかないように注意！

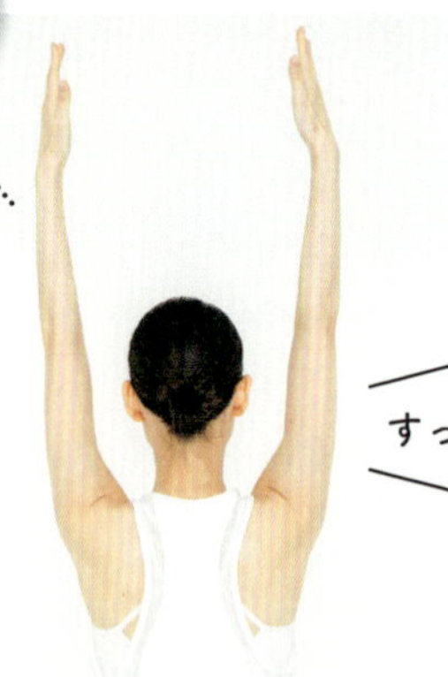

1 手の平を内側にして腕を伸ばす

足を肩幅に開き、まっすぐ立つ（椅子に座る場合は、骨盤を立てて座る）。両腕を上に上げて、手の平を内側に。

30回
10回を朝昼晩に分けてもOK

2 手の平を外側に向けて手を下ろす

手の平を外側に返しながら、肩甲骨を寄せるように、肘を曲げて手を下ろす。

姿勢 04

背中のたるみ

ココを動かす

広背筋（こうはいきん）

菱形筋（りょうけいきん）

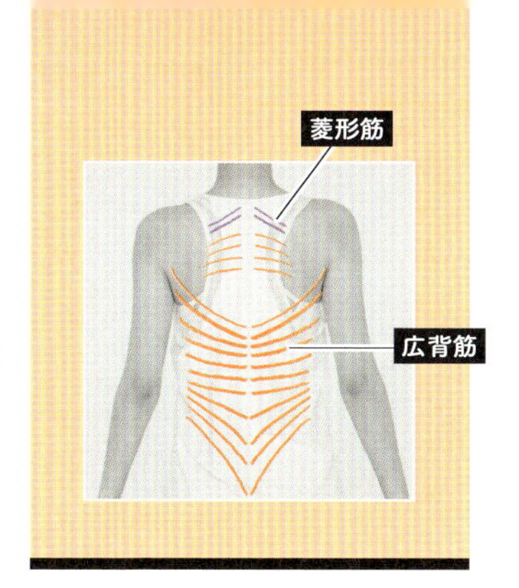

Point!
背中の筋肉を
意識して

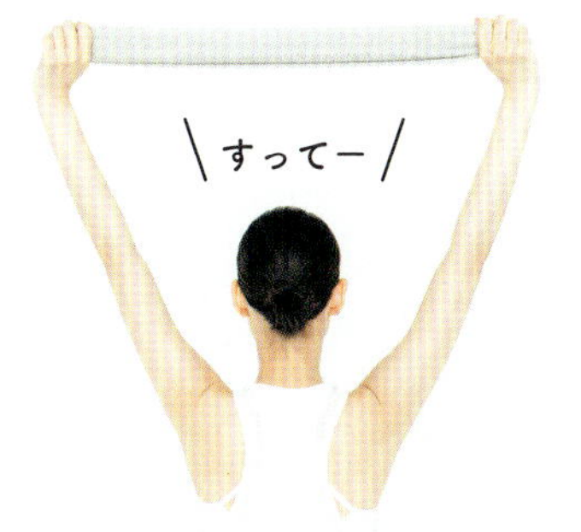

Point!
腰を反らない！
腕が頭より前に
いかないように

1

タオルを ぴんと張って 腕を伸ばす

足を肩幅に開き、まっすぐ立つ。タオルを両手で持ち、ぴんと張りながら腕を真上に上げる。

2

両手を 背中の方へ 下げる

息を吐きながらゆっくりとタオルを背中側に下ろす。慣れてきたら、トレーニング用のチューブを使って強度を上げてもOK。

姿勢

05

肩もっこり

Advice!

僧帽筋は、「僧侶のかぶる帽子」に似ていることから名付けられたそう。アニメのマッチョなキャラクターは、僧帽筋が鍛えられていることで、肩がモコっと盛り上がっていますよね。男性的な身体を目指すならいいのですが、肩の盛り上がりで首が太く短く見えると、小顔から遠ざかります。猫背で前屈みになると、5〜6キロも重さがある頭を僧帽筋が支えるため、重りをつけて酷使するようなもので、筋肉が発達してしまいます。頭痛や吐き気などの不調をもたらすことも。「正しい姿勢」が大切です。

頭倒し

Point!

腰の手を下に引っ張って、肩に負荷をかける

頭を斜めに倒す

耳を肩につけるように首を倒し、そのまま頭を前に出すように倒して10秒キープ。余裕がある人は手を頭に添えて、その重みで軽く負荷をかける。その際、反対の手の甲を腰（後ろ）に持っていき、肩を下げるようにして負荷をかける。反対側も同様に。

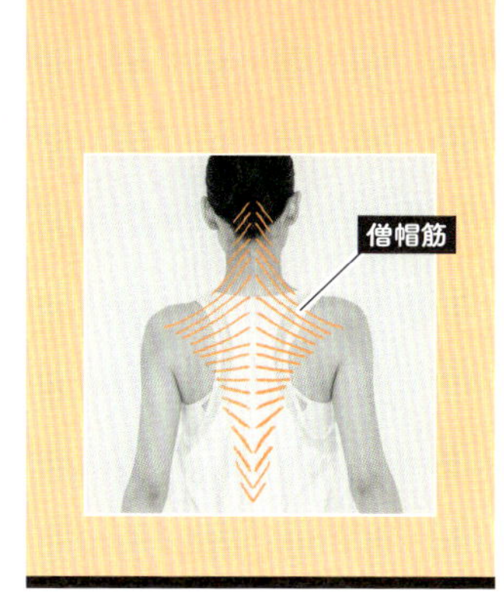

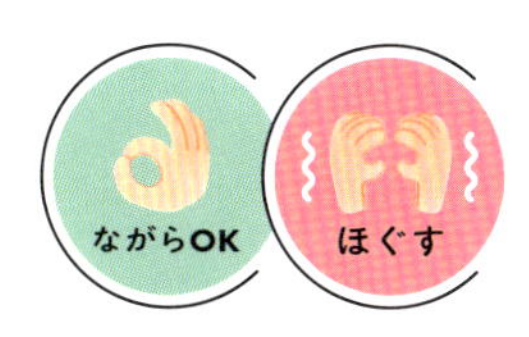

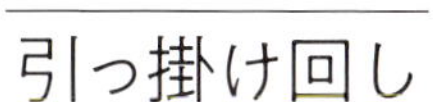

1 肩甲骨の上側の骨のキワに指を引っ掛けて掴む

左肩の肩（肩甲骨の上側の骨のキワ）に左手の4指を引っ掛けるように掴む。

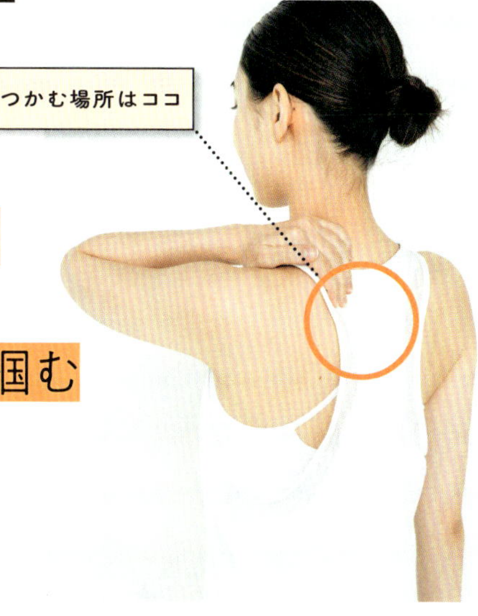

目安
各10回
程度

ぐりぐり

2 腕を回しながらコリをほぐす

そのまま、コリの部分を掴みながらほぐすように腕を下方向に回す。大きく回すというよりは、コリをほぐしながら動かすイメージ。コリが強い人は位置をずらしながら行って。反対も同様に。

※肩関節が硬くて体勢が辛い人は無理せず。

姿勢

06

ブラのハミ肉

Advice!

菱形筋が柔軟性を失って動きが悪くなると、正しい姿勢をキープできず、「ブラのハミ肉」につながります。夏にTシャツをカッコよく着るためにも大事な筋肉です。背中を広く覆い、腕の上げ下げや姿勢に大きく関わる「広背筋」とともに鍛えると効果的。

Point!
肘を伸ばし、
脇を軽く締めて

1 フェイスタオルを、後ろ手で掴む

足を腰幅に開いて立ち、フェイスタオルを、後ろ手で掴む。

ココを動かす

菱形筋(りょうけいきん) 広背筋(こうはいきん)

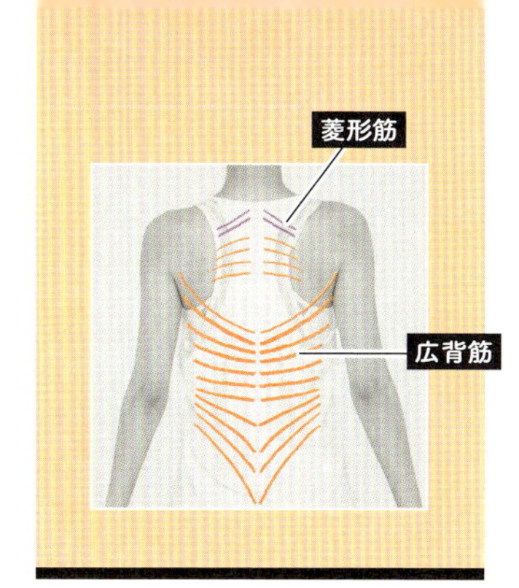

2 肩甲骨を寄せる

肩の関節が外側に開く感覚を感じながら、肩甲骨をギューっと絞る（肩甲骨同士を寄せる）。慣れてきたり、肩関節が柔らかい人は、トレーニング用のチューブを使ったり、タオルを短く持って強度を高めてもOK。フェイスタオルの端と端でもきつい人は何も持たずに動きだけ行うのでもOK。

Point!

斜め後ろから見ると
こんな感じ

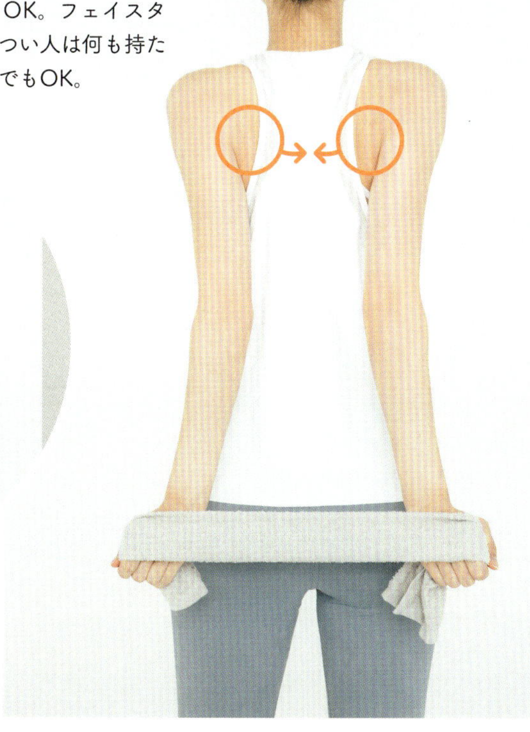

胸を開く

ココを動かす

大胸筋（だいきょうきん）

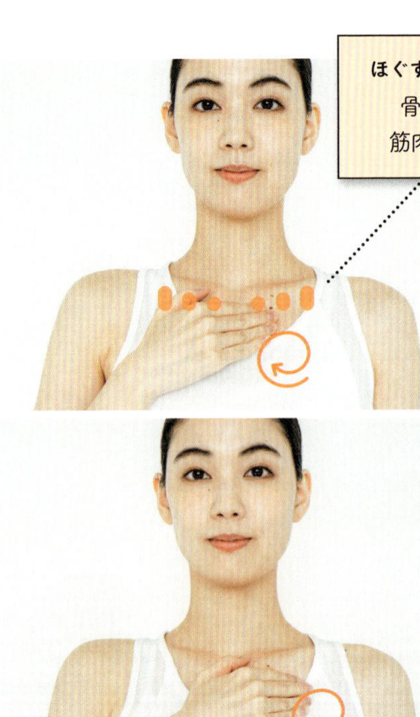

鎖骨の下の筋肉を、指の腹でほぐす

鎖骨の下を、4指（もしくは3指）の腹で圧をかけながら、そのまま外側方向へ円を描くようにほぐす。手は交差（右を行うときは左手で）して、左右両方を行う。
時間があるときや、デコルテのコリを感じている人、呼吸が浅いと感じている人は、5箇所程度を細かく行って。

Advice!

鎖骨上のリンパが腫れているときに強く触るのはNG。その際は、直接は触らずに首回りのストレッチで伸ばしたり、鎖骨下の筋肉をほぐすことで刺激を与えます。腫れていると感じる人は、エクササイズは行わず、念のため病院を受診しましょう。

姿勢

08

猫背

鍛える

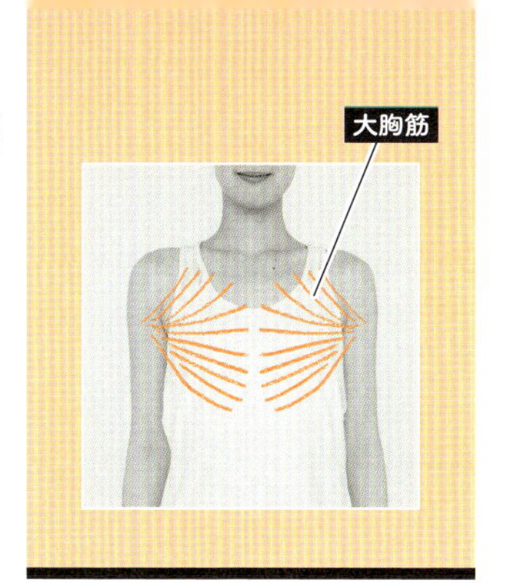

1 乾布摩擦のイメージでタオルを背中側で掴む

乾布摩擦のイメージで、背中側でタオルの端を両手で持つ。

2 背中を洗うように上下に動かす

そのまま片方の手を上に上げ、軽く引っ張る。背中をゴシゴシ洗うイメージで。反対側も同様に。

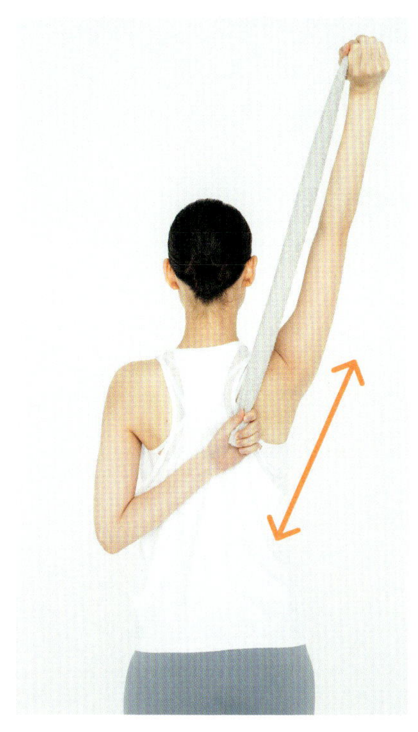

※フェイスタオルを持つのが辛い人は、動きだけ行うのでもOK。余裕がある人、身体が柔らかい人は、トレーニング用のチューブを使って強度を高めてもOK。

姿勢
09

脇のつまり

Advice!

脇の下には筋肉だけではなく、リンパ節、血管、神経と大事な組織が集まっています。それにもかかわらず、日常生活で「脇の下を大きく動かす」動作は少ないので、老廃物が溜まりやすい場所です。しっかり動かしましょう。

Point!
デリケートな部分なので、強く掴まず、痛い場合は無理に行わないで！

ながらOK　ほぐす

1 手で、脇の下を優しく掴む

脇の中心から10センチ程下、胸郭までのあたり（ブラジャーのサイドボーンあたり）を、4指（人差し指・中指・薬指・小指）の腹で軽く押さえ、親指と挟むように掴む。

ココを動かす

腋窩(えきか)リンパ節

脇の下のリンパ節を「腋窩リンパ節」と呼びます。ここと併せて周辺の筋肉の動きが滞ると、上半身の老廃物が溜まりやすくなり、顔のむくみやくすみ、首や肩こり、二の腕に脂肪がつきやすくなるなどの悪影響があります。リンパ節には美容だけでなく、ウイルスや細菌の侵入を防ぐなど健康上の大事な役割もあります。

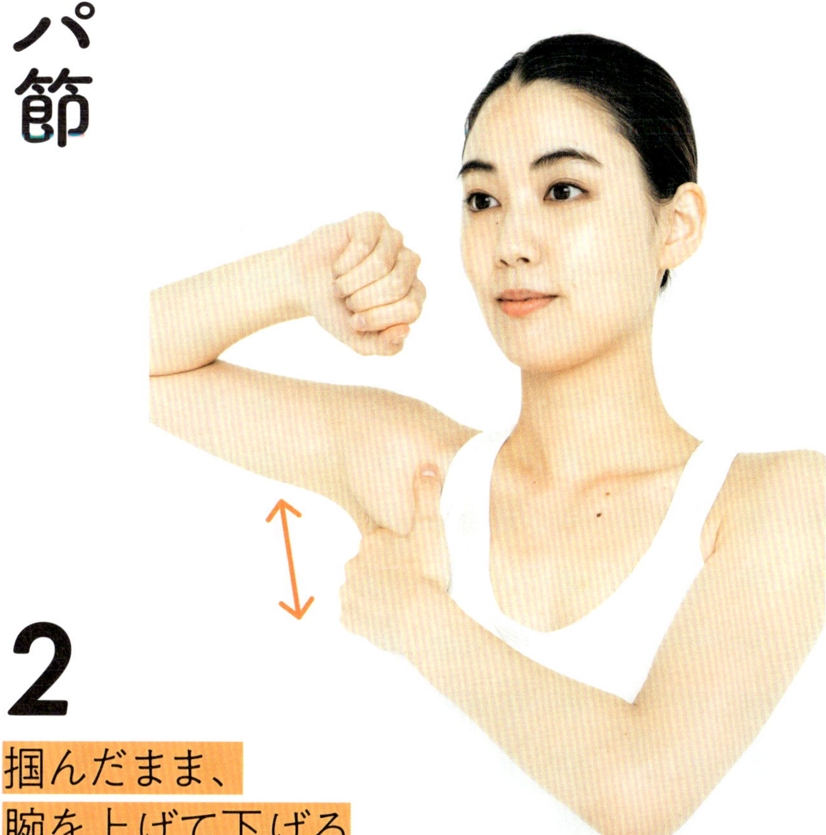

2

掴んだまま、腕を上げて下げる

軽く掴んだまま、脇周りをほぐすように、ゆっくりと腕を上げ下げする。慣れてきたら内回り・外回りで回してみる。反対側も同様に。

目安
左右
各30秒~1分
程度

これだけでもOK！「寝るだけ」姿勢リセット

疲れちゃって無理、なかなか続かない……。そんな人はまず、背中の筋肉をゆるめる習慣をつけるだけでも変わります。〝寝るだけ〟で、いいんです。

1 厚みのある筒状のものに、膝を立てて寝そべる

ストレッチポール、もしくはヨガマット、タオルケットや毛布など厚みのあるものを丸めて、縦長の筒状にする。ポールにお尻から頭まで乗った状態で、膝を立てて寝そべる。ポールが肩甲骨の間に縦に当たるように。

2 手の平を上にして地面につけたまま、腕を上げたり下げたりする

手の平を上にして（手の甲を）地面につけたまま、腕を横に開く。余裕がある人は、そのまま万歳をしたり、手を地面につけたまま、上・横と動かす。首や腰を痛めないよう、無理のない範囲で。

Point!
手の甲は
地面につけたまま。
肩甲骨が開く
感覚を感じて

Point!
ポールは、お尻から
頭までカバーする長さで、
高さは10～15センチ
程度が目安

Advice!
これも面倒な時は、
布団の上で
のびーっでも〇K!

Column

キレイのための食事のポイント

PFCバランスを意識して

「バランスの良い食事」といっても何を食べたらいいのかわからない、という人も多いはず。そんな人はまずPFCバランスから意識することをおすすめします。PFCとは、三大栄養素――「Protein（たんぱく質）」「Fat（脂質）」「Carbohydrate（炭水化物）」を指します。これらをバランス良く食べるのが、健康的な食生活の基本です。ベストな割合は性別や年齢、運動習慣などによって変わりますが、一般的には、おおよそたんぱく質（2）・脂質（2）・炭水化物（6）が良いとされています。このバランスと質を意識した上で、ビタミンやミネラルが摂取できるように旬の野菜を増やしたり、老けにくい（糖化しにくい）調理方法にしたりするのがおすすめです。同じ食材を選ぶにしても「生、蒸す・茹でる、煮る、焼く・炒める、揚げる」の順に〝身体の焦げ〟につながるとされるAGEsという老化（疲労）物質が増えるので、鍋や蒸し料理の回数を増やし、揚げ物や炒め物は極力減らすなど工夫しましょう。

またゆっくり、よく噛んで食べると、食べ過ぎの予防や、血糖値の上昇が抑えられて太りにくく、胃腸への負担も和らげてくれるなどの効果があるとわかっています。

Part
3
生活でキレイ

人は寝ている時間以外は、
「立つ・座る・歩く」という姿勢が
日常生活のほとんどです。
正しい姿勢で過ごせれば、
特別なエクササイズをしなくても、
疲れにくく、キレイな身体が手に入ります。

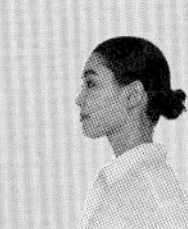

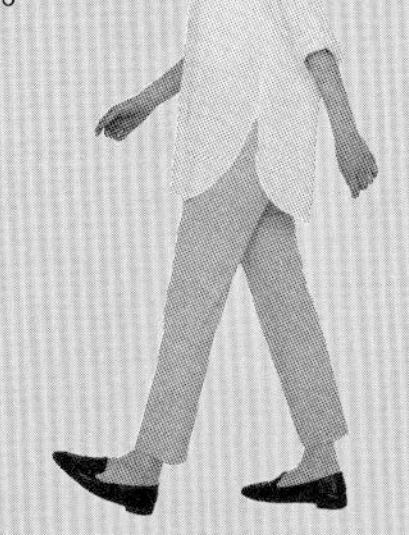

真顔にも、ストレスや姿勢の影響、顔の使い方の癖などが出ます。
真顔の要点は、舌をベストな場所に持ってくることです。

口を閉じて上下奥歯は離す

口は閉じて、上下の奥歯はくっつかないように少し離す。

> 普段下を向く姿勢が多い、食いしばりをしている、緊張が取れない“頑張り屋さん”は、無意識に奥歯に力が入り、食いしばりをしていることが多いので、あごの力を抜くイメージで。

舌は上あごにつける

舌は上あごのくぼみにおさまるよう、口内の天井につける。無理に舌を上につけようとすると上の前歯を押してしまいがちなので、舌先を前に出すのではなく、舌の根本から天井につけるイメージで。

> 舌が落ちていると、舌を支える筋肉が使えずに二重あごや顔周りのたるみの原因に。

口角は少し上げて

「微笑み未満」を意識して、口角を2ミリほど上げると明るい印象に。口元やあごの力は抜いて、頬を意識しながら口角を上げてみて。

> 口角が下がっていると、真顔が怖い印象に（無理に笑う必要はありませんが）。

舌の位置

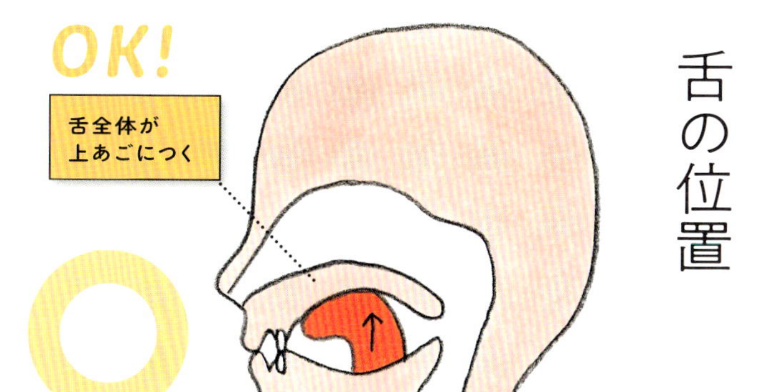

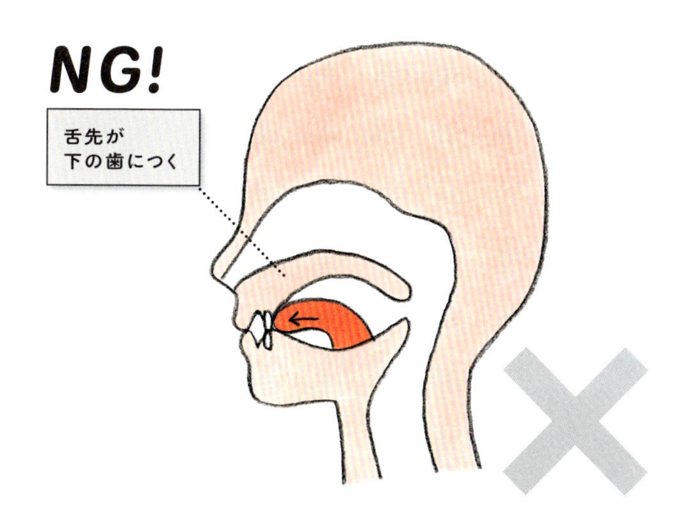

鼻呼吸をしましょう

口呼吸は、ドライマウス、虫歯、歯周病、口内炎、歯並びの悪化、風邪やアレルギー、二重あご・たるみが起きやすくなります。また、呼吸が浅くなることで、くすみ・むくみ・新陳代謝への悪影響など、老化の原因にも。

生活でキレイ

立つ

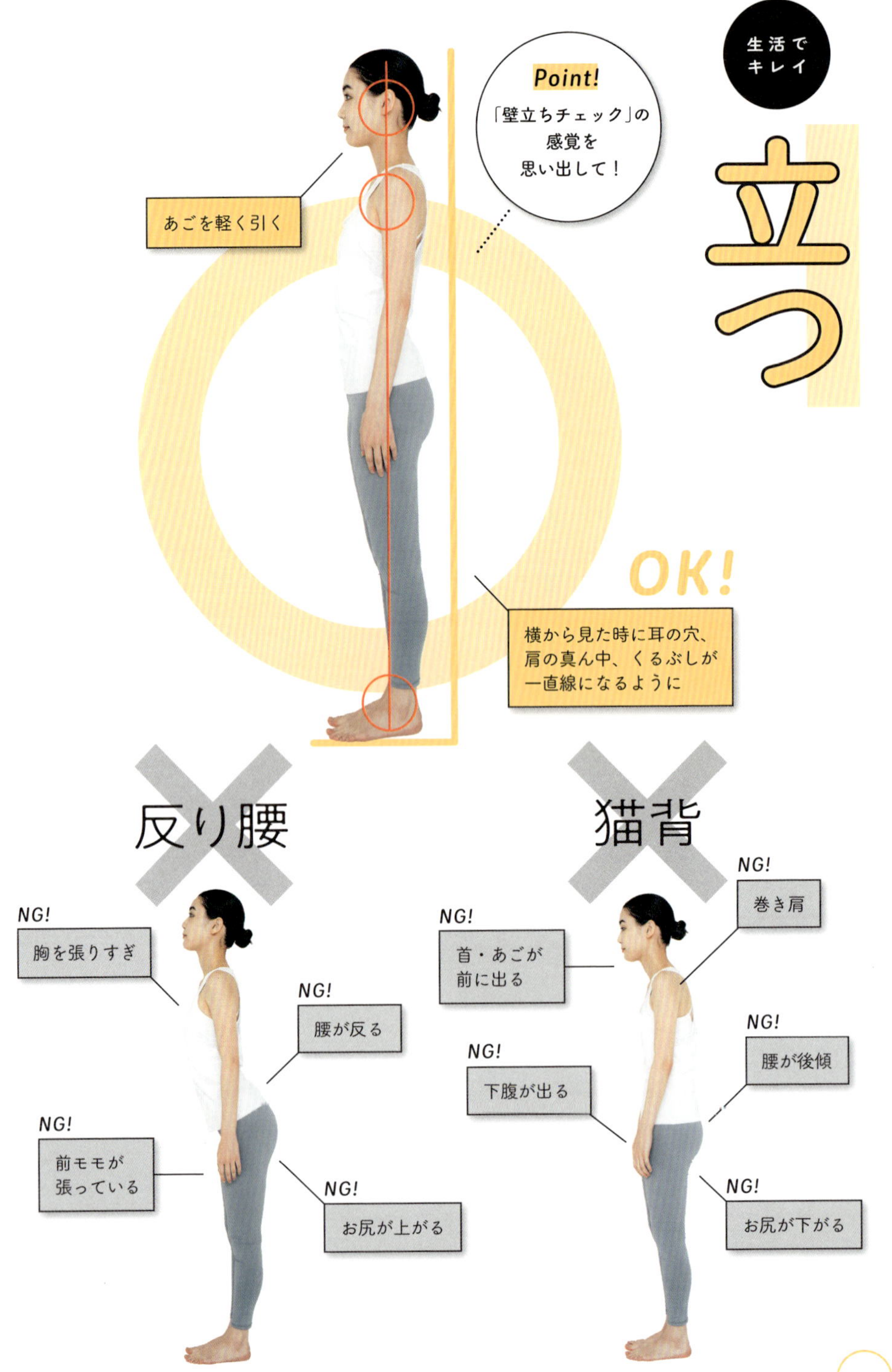
Point!
「壁立ちチェック」の
感覚を
思い出して！
あごを軽く引く
OK!
横から見た時に耳の穴、
肩の真ん中、くるぶしが
一直線になるように
反り腰
NG!
胸を張りすぎ
NG!
腰が反る
NG!
前モモが
張っている
NG!
お尻が上がる
猫背
NG!
巻き肩
NG!
首・あごが
前に出る
NG!
腰が後傾
NG!
下腹が出る
NG!
お尻が下がる

生活でキレイ

座る

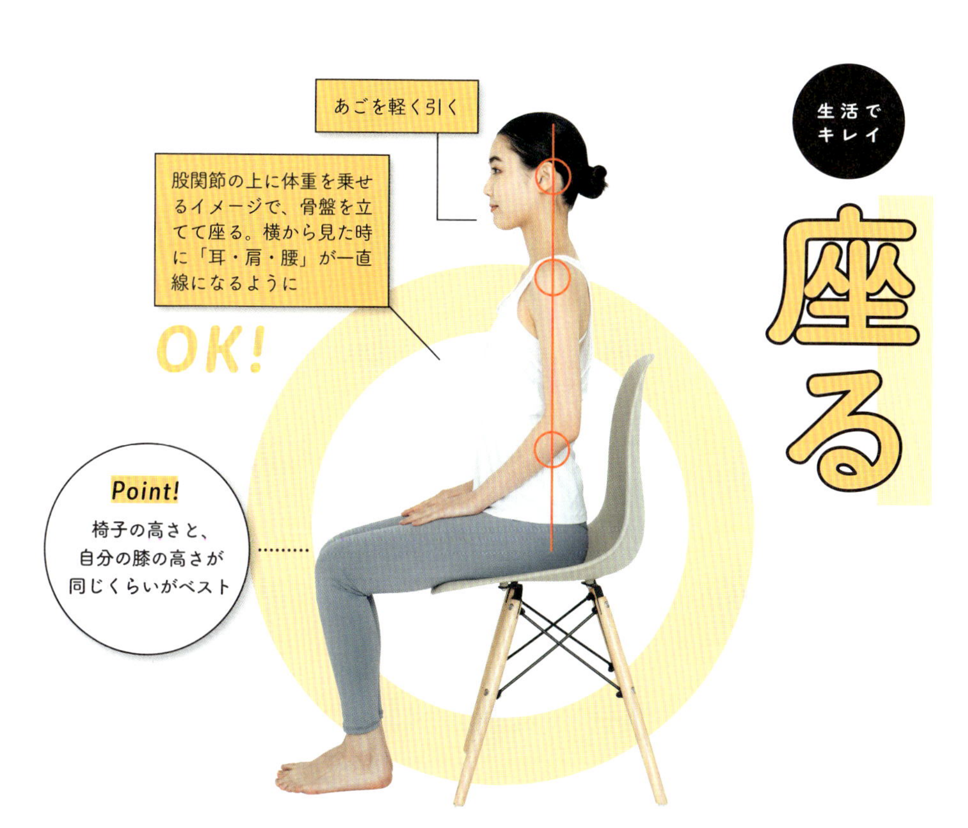
あごを軽く引く
股関節の上に体重を乗せるイメージで、骨盤を立てて座る。横から見た時に「耳・肩・腰」が一直線になるように
OK!
Point!
椅子の高さと、自分の膝の高さが同じくらいがベスト

反り腰

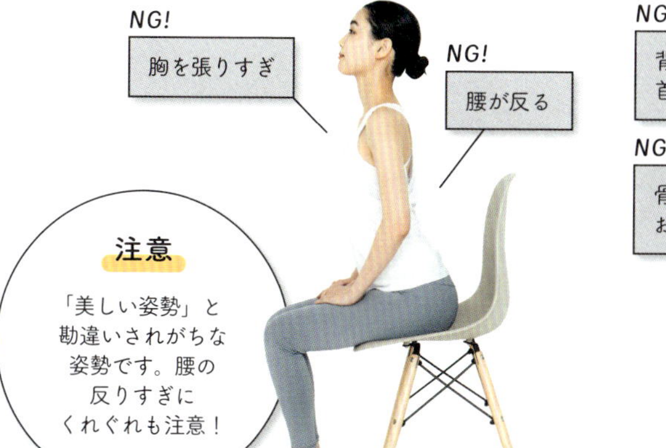
NG!
胸を張りすぎ
NG!
腰が反る
注意
「美しい姿勢」と勘違いされがちな姿勢です。腰の反りすぎにくれぐれも注意！

猫背

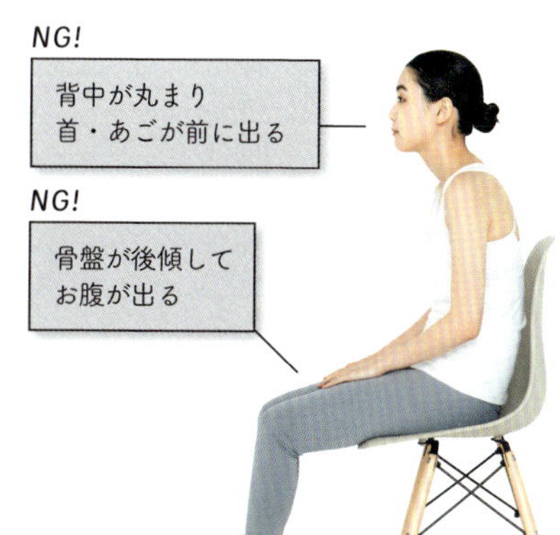
NG!
背中が丸まり首・あごが前に出る
NG!
骨盤が後傾してお腹が出る

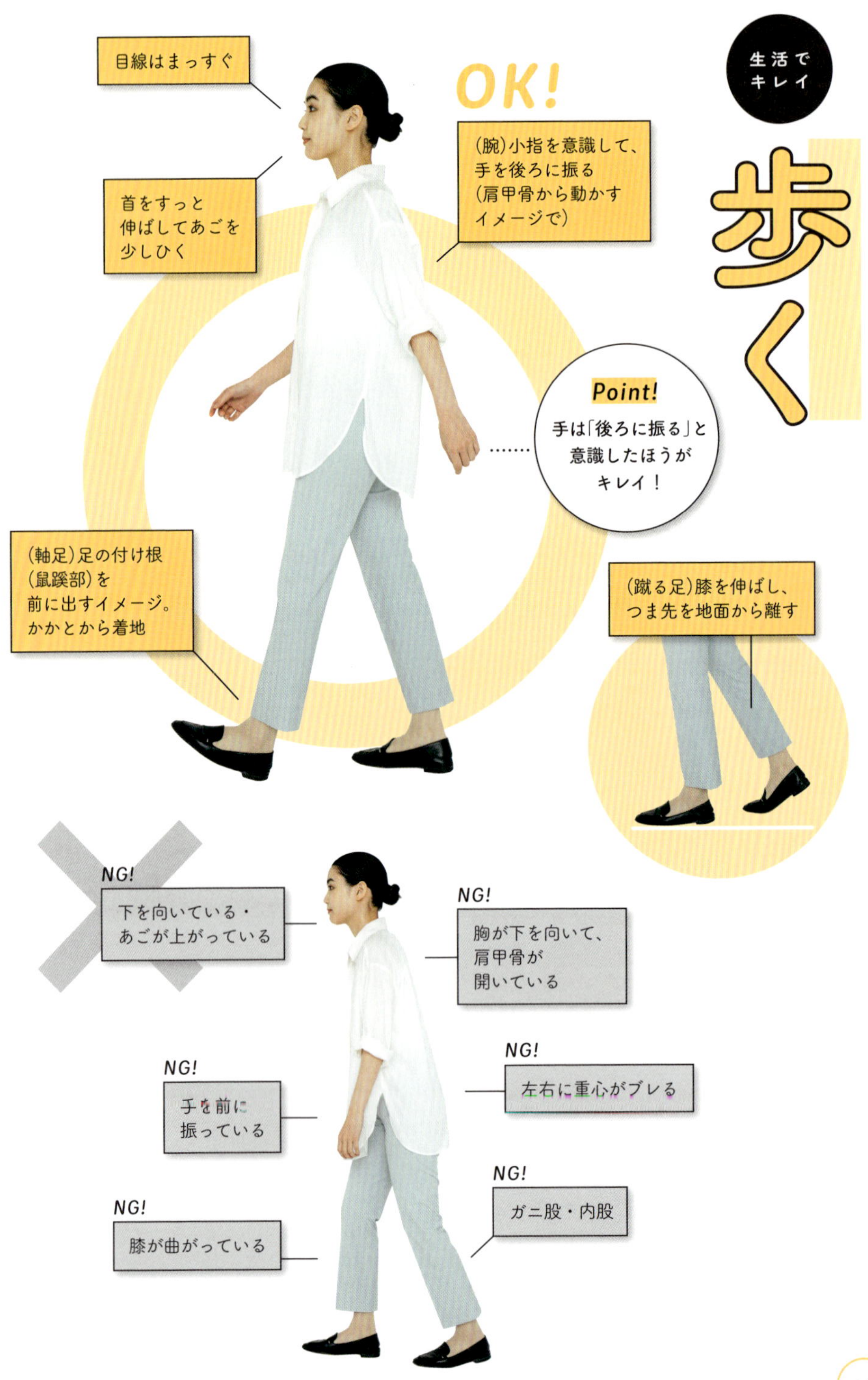
生活でキレイ
歩く
OK!
目線はまっすぐ
首をすっと
伸ばしてあごを
少しひく
(腕)小指を意識して、
手を後ろに振る
(肩甲骨から動かす
イメージで)
Point!
手は「後ろに振る」と
意識したほうが
キレイ！
(軸足)足の付け根
(鼠蹊部)を
前に出すイメージ。
かかとから着地
(蹴る足)膝を伸ばし、
つま先を地面から離す
NG!
下を向いている・
あごが上がっている
NG!
胸が下を向いて、
肩甲骨が
開いている
NG!
左右に重心がブレる
NG!
手を前に
振っている
NG!
ガニ股・内股
NG!
膝が曲がっている

バッグの持ち方

重たいバッグを持ち歩くと肩こりが悪化し、左右の差が生まれます。バッグの選び方、持ち方で、身体の負担を減らしましょう。

パソコン

「座る」（P85）の応用です。仕事や勉強などに集中すると、いつの間にか姿勢は崩れていくので注意！

OK!

デスクトップの場合

ノートパソコンの場合

スタンドを用意できない場合は、ノートパソコンを少し身体から離すと自然に目線が上がる

×

視力が悪いと、無理に見ようとして眉間にシワが入り、画面に顔を近づけるため首が亀のように伸びてしまいます。メガネを着用するなど対策を。

スマートフォン

腕も姿勢も楽なようですが、猫背、巻き肩、食いしばり、ストレートネックなど身体に悪影響が。

生活でキレイ

仰向けが理想とされますが、寝返りを打つことで身体が回復し、質の良い睡眠が取れるとも言われます。あまりこだわりすぎず、リラックスを優先して。

**仰向けで
身体がまっすぐな状態**

＝正しい姿勢で立った状態をそのまま仰向けにした状態。歪みが起こりにくく体圧も分散され、肩や腰にかかる負担が軽減。

反り腰の人

腰と床との間に隙間ができて、仰向けが辛いことも。寝具の硬さを工夫したり、タオルを入れるなど工夫を。

横向きが楽な人

胃もたれがある時は右側を下にして寝ると消化を助け、逆流性食道炎の人は左側を下にすると胃酸の逆流が起こりにくくなるそう。イビキをかく人は、横向きのほうが、気道を塞がず楽です。妊娠後期や、怪我や持病の病気などの場合、仰向けが難しいことも。「横向き寝」の際は、片方に負担がかからないように注意！　腰痛や肩こり、身体や顔が歪むことでほうれい線、頬のたるみ、目元のシワに左右差が生じることも。

食いしばりが起きやすい人

正しい真顔(P82)で紹介した、「口は閉じて・上下の奥歯は少し開ける・鼻呼吸」になりやすい仰向けがお勧め。横向きで食いしばりが起こると、顔の左右差が悪化し「右側だけエラが大きく膨れている」などという事態に。自然にあごが上がって奥歯の力が抜けるような、仰向けの姿勢を探りましょう。

NG!

うつ伏せ

うつ伏せはフェイスラインや輪郭、シワやたるみの左右差、歯並びなどに歪みが生じたり、首の筋肉のコリ、寝違え、顎関節症の原因になったりすることも。また、呼吸が浅くなることで酸欠、血行不良なども生じます。

Column

寝る位置、食事の席は、こまめにチェンジ！

家の中で「自分の場所」が決まってしまうと、
おのずと姿勢も固定化されてしまいます。こまめに変えて、
姿勢や表情に「癖」をつけないようにしましょう。

寝るとき

付き合いたてのカップルは、お互い内側を向いて寝る、関係が安定してくると、お互い背中を向けて寝るなんてことはありませんか。小さいお子さんがいる方も、同じ場所で、同じ方向を向いて寝がちなのでは。すると、無意識に同じ姿勢でいる時間が長くなってしまいます。数日ごとに位置を変えてみましょう。

家事や余暇で

洗濯物を取り込むとき、掃除機をかけるときなど、利き手だけを使いがちです。たまには逆の手も使ってみましょう。またテニス、バドミントン、野球など、左右差がある身体の使い方をするスポーツをしている人は、普段と反対側で素振りをするなど左右差を意識してみると、筋肉量が左右均等になり、歪みの対策にもなります。

食卓・リビングで

家族で食事をとるとき、リビングでテレビを観るとき、なんとなく「ここが自分の定位置」と決まっていませんか？　場合によってはこれも歪みの原因に。「いつも首を左に向けてテレビを観ている」「いつも首を左に向けて家族と話をしている」という小さな左右差が積み重なれば、1日10分の時間でも、1年365日、すなわち3650分、まる2日半以上も、左側に首をひねっていることになります。少しの習慣が、大きな歪みにつながるのです。定位置を変えてみたり、テレビを観る・人と話すときは、首だけ向けるのではなく、身体ごと正面に向けましょう。

オフィスで

家で
テレビを
観ながら

電車待ち
中に

ハッと気がついたら 簡単ほぐし

日中、常に「美姿勢」を意識することは無理があります。でも1日の中で「リセットタイム」をこまめに持つだけで、身体はとても楽になります。

表情筋

食いしばりをリセット

天井を見る

オフィスでデスクワークが続いた時、休憩がてら「天井を見る」だけ。首を上に向けるだけで、奥歯にかかった食いしばりの圧や、表情筋に入った力をオフモードにすることができます。仕事に集中していたり、スマホを見るなど下を向く姿勢が長いと、無意識にエラに力が入り、（咬筋を）食いしばっていたり、眉間にシワがよるなど表情筋に力が入っていることも。

Point!

首が前に出ている
ストレートネックの人は、
首を天井から戻す時、
頭の位置を変えずに
あごを引く感じを
意識してみましょう

姿勢 巻き肩をリセット

Point!
腕はまっすぐ

目安
15秒
程度

壁に腕をつける

壁に対して横向きに立ち、親指が上になるように肩の高さで片手をつく。腕をまっすぐにしたまま、腕、肩も壁につけてストレッチ。身体が柔らかい人は自分の体重を少しかける感じで。ゆっくり呼吸しながら。反対側も同様に。余裕がある人は腕をずらして、いろいろな角度で伸ばして。

Point!
肩を壁に付けるのが
難しければ腕を
まっすぐにしたまま、
できるところで伸ばして

Advice!

休息時間にワンストレッチ!

ストレッチは、日ごろの行動とセットにすると習慣化しやすいそう。トイレ休憩の時には首のストレッチ、コーヒー休憩の時には巻き肩解消のストレッチ、歯磨きをしたあとに表情筋ほぐし……など。仕事のキリがいいところで、こっそりデスクに肘をついてP45などのエクササイズをするのもオススメ!

自分の「魅力」に気がついて、磨いてほしい

私はエステ施術者として、講師として、また執筆者として、いろいろなお仕事をさせていただいています。やっていることはさまざまですが、根本的な目的は同じです。

「自分の魅力に気がついて、磨いてほしい」ということ。そして、「自分らしく充実した日々を送ってほしい」ということです。自分自身もそうありたいし、そのサポートをしていきたいと思っています。

以前の私は、うまくいかないことを自分の「容姿」のせいにして、真剣に生きていなかったと思います。また、自分が持っていないも

のを数えては、人を羨んでいました。「あの人は肌がキレイでいいな、あの人はスタイルがいいな、あの人は華奢で羨ましい」と、人の持っているものばかりを数えていました。

お客様や、日ごろ出会う女性の中にも、自分の魅力に気がついていない人は少なくありません。

自分の顔と向き合うことは、自分の心と向き合うことでもあります。表情筋のケアを通して、自分の魅力に気がつき、自分を大切に磨いていこうという気持ちになる人が一人でも増えたら嬉しいです。

そんな私の気持ちを汲んで、本づくりを進めてくださった編集者の日岡和美さんはじめ、本の制作に関わってくれた皆さまに、この場を借りて御礼申し上げます。

これからも、一人でも多くの人が、自分らしくいきいきとした表情で過ごせるように活動していきます。

2025年2月　永松 麻美

Profile

永松麻美

エステサロン「SUHADA」オーナー、エステティシャン。
1984年東京生まれ。幼少期にアトピー、思春期からはニキビ・激太りにより容姿コンプレックスに陥る。綺麗になるためエステティシャンの道へ。2012年エステサロン「SUHADA」(現東京都世田谷区・下北沢)を開業。17年からエステ講師としても活動。肌質改善や小顔エステなど、2万人以上の美容に携わる。
著書に『人生がときめくシワとりパーフェクトブック』(産業編集センター)、『正しい知識がわかる　美肌事典』(高橋書店)、『キレイかどうかは自分で決める』(笑がお書房)がある。

2万人の肌を見て気が付いた、キレイの法則

表情筋ほぐし

2025年3月6日　第1版第1刷発行

著　者　永松 麻美
発行者　大谷 泰志
発行所　株式会社PHPエディターズ・グループ
〒135-0061 江東区豊洲5-6-52
☎03-6204-2931
https://www.peg.co.jp/
発売元　株式会社PHP研究所
東京本部　〒135-8137 江東区豊洲5-6-52
普及部　☎03-3520-9630
京都本部　〒601-8411 京都市南区西九条北ノ内町11
PHP INTERFACE　https://www.php.co.jp/
印刷所・製本所　TOPPANクロレ株式会社

ISBN978-4-569-85872-2